南开大学经济博士丛书

Do
on
Na

U0611365

主编 张志超

中国农村义务教育
财政 忧思录

—— 邢天添 著

山西出版传媒集团　山西经济出版社

《南开大学公共财政博士论文丛书》

编 委 会

主 任　张志超
副主任　倪志良　陶　江

委 员　许正中　马蔡琛　邹　洋　饶友玲
　　　　郭　玲　杨全社　丁　宏　邢天添

编 辑 部

主 任　赵建廷
成 员　王宏伟　李慧平　任　冰　吴欣彦　曹恒轩
　　　　姚　岚　解荣慧　吴　迪　申卓敏　侯轶民

序

中国进入 21 世纪以来，中央政府持续加大了对农村义务教育的财政投入规模。理论上讲，这不仅直接促进了我国人力资本存量的增长，而且也有助于通过教育资源数量的增加带动其质量的改善。但是，实际情况如何，则须进行实地考察、分析才能得出科学的判断。

2007 年，南开大学财政系兼职教授，国家行政学院经济教学部主任许正中先生，主持了一项涉及我国农村义务教育发展状况研究的国家级社科项目，邀当时正在财政学系攻读博士学位的邢天添同学，即本书作者，参与其设计的专业性质极强的社会调查活动。利用这一机会，本书作者不仅取得了许多有价值的数据资料，而且在社调结束后撰写了部分研究报告。这些均为其后来撰写自己的博士学位论文打下坚实基础。

2008 年，经博士论文选题程序，本人同意邢天添同学继续深入研究我国农村义务教育中的各级政府财政投入资金实际使用效果问题，希望他就如何科学地评估这部分财政资金的使用效果进行绩效评估研究并撰写博士论文。为了考察农村义务教育财政支出实际效果，邢天添在深刻理解新公共管理理论和绩效预算理论基础上，借助理论体系提供的研究方法，利用差不多两年时间就如何建立一套客观公正的绩效评估体系进行了全面、深入研究,最终以(现在载入本书的)博士论文形式推出了个人的研究成果。本书系统地阐释我国义务教育财政支出效果之评估方法,所建立的指标体系基本符合本国国情特征,本书的学术价值集中体现于此。作者利用自己设计的评价指标,基于实地调研取得的第一手资料、数据,对典型地区的义务教育财政支出实绩进行了实证检验,并依据检验结果提出有针对性的关于优化农村义务教育财政支出绩效的政策建议,这是本书的实用价值之所在。本书的主要创新性体现为:(1) 尝试了将绩效管理理论引入义务教育之财政支持研究领域,阐释了具有纯公共品特性的义务教育活动能够接受市场条件下适用的绩效管理理念,进而提出了通过绩效管理提升用于诸如义务教育等纯公益事业的财政资金使用效率的理论研究框架。(2)尝试按照 CIP 模式建立一套涉及绩效评估体系,并通过理论筛选和实证筛选两个环节来增加绩效评估指标的客观性和可信度,将构建义务教育财政支出绩效评估的评估模型和指标体系的研究工作推向一个较新阶段。(3)作者使用 AHP 和 DEA 相结合的新型数据处理方式,构造了综合评估指数和努力指数相结合的二维评估空间,在一定程度上解决了财政支出绩效评估研究中如何有效、客观选择评估参照系的难题。

针对当时论文中存在的某些不足之处,在其成书出版前,作者进行了两处重要的补充:一是对通过典型地区绩效评估结果判断我国农村义务教育财政投入的一般绩效状况的合理性,进行了必要的解释;二是尽可能地对原先的实证研究进行了精细化处理,使得对涉及国家预算调整中如何优化义务教育财政支出结构和规模等问题所做的政策建议具有更高的可行性。

邢天添同学曾在天津财经大学攻读硕士学位,师从李炜光先生,研读宪政经济等课程。于 2007 年考入南开大学经济学院财政系,开始在本人指导下攻读博士学位课程。由于有过严格的学术训练经历,他在攻读博士学位的三年里,不仅各科成绩优秀,而且能够在较短时间内形成独立从事社会科学理论研究的能力。除了参加过指导教师主持的有关社科项目研究外,还在专业刊物上发表过一定数量的学术论文,其中于专业核心刊物上以第一作者身份发表的论文即有五篇。邢天添毕业后,直接留在南开大学财政系任教,继续从事其所喜欢的教学与科研工作。

值此专著出版之际,本人欣然为之作序,希望通过本书的出版、发行,有助于推动社会领域中此类的研究活动向纵深发展。

张志超

2014 年 10 月

《南开大学公共财政博士论文丛书》编写说明

南开大学经济学院（财政学系）"财政学博士点"，设立于20世纪90年代末，至今已近15年。其间，博士生指导教师从当初的一名，增加至目前的六名（含两名兼职教授、博士生指导教师），专业方向也不断扩展，目前已经涵盖了公共财政学科几乎所有的研究领域。截至2012年，南开大学财政学系已被授予博士学位的毕业生累计为40多名，大多在高校任教，或在财政、金融、证券系统任职；与此同时，在校就读的博士生也逐年增加，达到11名。

2011年底，南开大学财政学系与山西经济出版社商议，决定自2012年起推出《南开大学公共财政博士论文丛书》。丛书编委会将陆续选择一些有代表性的博士学位论文，经原作者修订后，纳入该丛书系列予以公开出版。希望此举能有助于深化我国公共财政理论的研究活动，有助于加强与国内兄弟院校的同行进行学术交流活动。

该丛书的出版得到南开大学经济学院领导的大力支持，得到山西经济出版社领导赵建廷先生和孙志勇先生的支持和帮助，并且得到（基于教育部实施的"面向21世纪教育振兴行动计划"而建立的）南开大学"985工程"基金的资助，在此一并表示感谢。

《南开大学公共财政博士论文丛书》编委会
2013年12月

中文摘要

21世纪是国与国之间综合国力的竞争,而人才恰恰是决定一国综合国力强弱的关键因素。由于中国广大的农村地区尚且分布着八亿多的农民,所以农村义务教育质量的高低直接影响着中华民族的整体素质和国际竞争力。在对社会事务的管理中,承担最具体、最复杂的公共职能的地方政府,在面对穷国办大教育的历史背景下,如何提升义务教育财政支出绩效将直接关系到所辖区域义务教育的成败和财政支出的有效性。因此,本书从理论、历史和实证三个视角重点研究了特定政府财政支出,即义务教育财政的绩效评估问题,尝试构建了一个比较完整、科学的义务教育财政支出绩效评估理论体系和实际操作模型,并提出了优化义务教育财政支出绩效的政策建议。

本书除导论部分外分为五章。

第一章是有关义务教育研究的理论综述,是全书的理论基础。本章首先探讨了义务教育的内在属性和公共产品特性,并在此基础上阐述了政府介入义务教育供给的必要性。同时,本章指出政府介入义务教育的供给,绝不意味着政府必须直接生产义务教育,在绩效管理理念和理论的指导下,实现义务教育供给与生产的有效分离,并引入公共委托代理关系和市场机制将会极大地提升义务教育财政支出的绩效水平。

第二章首先回顾西方发达国家义务教育绩效评估实践活动,在此基础上对其发展过程中的共性规律和历史经验做出了总结,并指出了其对中国义务教育财政支出绩效评估的借鉴意义。

第三章在对国内外现有评估模型和相关指标体系进行详细梳理的基础上,分析了我国的义务教育财政支出绩效评估模型及其指标体系的基本内容和总体框架,并最终通过四轮的筛选构建了义务教育财政支出绩效评估指标体系。

第四章运用 AHP 层次分析法、主成分分析法和 DEA 数据包络分析三大分析工具,在第三章评估模型和指标体系的基础上,通过导入实地调研的义务教育财政支出数据对典型的农村地区的义务教育财政支出情况进行客观的实证分析。

第五章把义务教育财政支出绩效评估的优化问题,具体分为绩效评估优化和绩效管理优化两大问题。并就如何完善绩效评估以及如何实现义务教育财政支出的绩效管理提出了相应的路径选择和政策建议。

本书的研究成果及创新点主要表现在如下几个方面:(1)构建了一个比较科学、比较完整的义务教育财政支出绩效评估理论体系;(2)构建了一套具有可行性的义务教育财政绩效评估 CIP 模型及其指标体系;(3)运用实地调研的典型农村地区的真实数据进行了绩效评估的实证研究,并就分析结果给出一些优化农村地区义务教育财政支出绩效的政策建议。

关键词:义务教育;财政支出;绩效评估;指标体系

目　录

导　论

一、选题的背景和意义

（一）选题的背景

从拿破仑对教育高度重视的铿锵之音到 19 世纪初德国在耶拿战役中惨败，从美国在独立战争后 200 多年来不断地从英国、德国等国移植先进的教育制度和思想到日本 1868 年的明治维新，无不证明了一个最基本的问题："各种政治问题中，教育问题乃其最重要者。"

19 世纪初，德国在耶拿战役中惨败于法国后，才认识到需要向对手学习。著名哲学家费希特发表演讲指出："教育是使法国人战胜一切和为所欲为的唯一根据"①,而"唯一能使我们挣脱压迫和灾难的办法只有教育"。他倡导"教育复国"、"教育救国"和"教育强国",激发德意志民族向法国人学习,借鉴敌国的先进教育和科技经验。不久,德国踏上了"教育兴国"之路。由于建立了发达的教育和科技作为基础,德意志统一后仅用40年的时间便走完了英国人用100年时间才走完的工业化道路。

在独立战争后的200多年中,美国先是从英国等国移植了先进的教育制度和思想,建国后不久又借鉴德国经验开展了公共教育运动,南北战争后便建立起完善发达的各级教育制度。到20世纪,美国各级教育就学率均名列世界前茅。发达的教育和科技,一直确保了美国世界第一经济强国的地位。到了21世纪初,美国更把发展教育作为首要任务。正如克林顿总统所说:"教育已成为美国200多年来发展的核心。让我们保证给我们的后代提供世界上最好的教育,以及给他们建设美好未来所需的支持,更高的学校标准,更多的选择和所有人完成学院学业的机会。"

日本是1868年明治维新后才结束封建统治的,但借助教育和科技迅猛发展,在短短的30年间,走完了欧洲近百年所走过的工业化和现代化路程。日本1871年设立文部省,负责管理全国的文教事业,1872年颁布近代教育为模式的新学制。1879年制订教育令,1886年颁布学校令,以德国为蓝本,同时博采众长,建立了近代国家主义教育体制。此后,日本教育突飞猛进,国民素质大大提高。1907年日本学龄儿童就学率超过97%,大正年间(1912年~1925年)就普及了中等教育。即使在第二次世界大战期间,日本也没有忽略教育的发展。日本战后从事科学工作的骨干力量,大多是战争期间培养出来的。美国著名经济学家舒尔茨在谈到日本第二次世界大战后复兴时指出:战后日本物质资本存量确实几乎荡然无存,但其国家财富中的重要部分——具有知识水平的

---

① 博伊德·金.西方教育史[M].任宝祥等译.北京:人民教育出版社,1985.

人,即"人力资本"还大量存在。因此,只要注入一定的初始投资,结合以技术含量很高的设备,日本这台高效率的产出机器就会源源不断地创造出物质财富来。确如所言,战后仅仅不到 20 年的时间,日本就实现了"经济起飞",创造了震惊全球的经济高增长率。国民生产总值仅次于美国,跃居世界第二,20 世纪 90 年代人均国民生产总值已超过美国。战后日本对教育的投入,在全世界也是首屈一指的。1955 年至 1975 年,日本国民收入由 72 985 亿日元增加到 1 240 386 亿日元,10 年间增加了 16.99 倍。与此同时,教育经费也由 4 373 亿日元增加到 96 113 亿日元,增加了 21.97 倍,增长幅度超过国民收入和国民生产总值的增长比例,其教育经费总量在发达国家中居于第二位,仅次于美国。

如果说这些原先落后的发达国家在历史紧要关头重视和调整教育战略,进而大步追赶先进国家,实现工业化、现代化是一种民族觉醒的话,那么,随着经济全球化日益发展,具有知识、信息经济时代特征的竞争越来越在国家之间充分展开。重视教育战略的抉择和管理,应成为一种恒久的民族精神。因此,在知识经济时代,一个国家国民素质的高低,掌握知识的程度,拥有人才的数量,特别是知识创新、技术创新及制度创新能力,将成为决定一个国家、一个民族在国际竞争和世界格局中地位的关键因素。知识经济时代竞争归根到底是人才的竞争,人才的培养则主要依靠大力发展教育事业。当今社会,教育是经济发展的关键,它是一个国家综合实力和财富的源泉。近十年来,知识经济的兴起和经济全球化是当今世界经济和社会发展不可逆转的潮流,是 20 世纪末期以来整个世界范围正在发生的一个巨大变化。它对人类社会的许多方面产生了深远的影响,也对教育产生了深刻的影响,引起了全世界的普遍关注。

"科教兴国"早已是西方各国公开的强国"秘诀和法宝",其中教育是科技的基础,是国家兴衰的根本,这早已成为各国的共

3

识。如果说明朝之前的中国还是世界经济、教育和科技最发达的国家，那么随后由于 200 多年的闭关自守、妄自尊大，特别是传统小农经济的积淀，轻视教育和科技，阻滞新思想和新技术的产生和扩散，到了晚清，中国不仅远远落后于西方各国，而且受到了列强的瓜分，教训多么的惨痛。当前中国正处于从传统社会到现代社会转型的战略机遇期，时代变迁、体制转轨和知识经济的崛起推动着社会的进步与发展以及社会科学理念与机制的变更。在向知识经济时代迈进的过程中，中国政府开始重新审视人才和知识的价值，对教育在社会和经济发展中的地位和作用予以更多的关注。"科教兴国"已经被确定为国家的发展战略。但由于历史原因，经济、文化和教育发展相对滞后，信息相对闭塞，产业结构不合理，中国的社会发展仍处于工业化起步阶段。随着知识经济的兴起，中国从工业社会向知识社会迈进，对人才需求的数量和种类也在发生变化。中国教育的现状与社会迅猛发展对多元化人才需求增长的矛盾已日益突出，中国教育改革与建设的难度亦进一步加大。教育资源短缺、投入严重不足，与扩大办学规模、提高教育质量的矛盾凸显。经济的迅猛发展和社会的不断进步都蕴涵着对教育事业的巨大需求。随着经济改革和社会发展对高素质劳动者的需求不断增长，科技进步对人才需求的不断变化，人民群众对教育需求持续高涨，教育资源短缺与办学需求膨胀之间日益突出的矛盾将会严重制约国民教育以提高教育教学质量为核心的内在建设。

义务教育（Compulsory Educaiton）是科教兴国的奠基工程，是科教兴国的根本，是教育事业堡垒中的"城中之城"，是知识生产和人力资本的孵化器，对提高中华民族素质、培养各级各类人才，促进社会主义现代化建设具有全局性、基础性和先导性作用，是贯穿于国家教育主线的命脉和提高国家核心竞争力的战略基石。通过义务教育把沉重的人口包袱转化为人力资源优势是我国现代化建设的迫切要求。特别是面对中国依然是一个农业大国,农业人口仍占总人口相当大比重的现实国情,农村义务教育的成败已成为决定中国社会能否顺利转轨、迅速实现工业化和现代化、脱离"发展陷阱"、突破经济发展低水平均衡限制、实现中华民族和平崛起的决定性因素。可以毫不夸张地说,赢得了义务教育,赢得了农村义务教育的成功,中国就赢得了未来。近年来,随着中央政府在农村义务教育上财政投入规模的不断扩大,随着新公共管理理念和绩效预算理念由国外逐步进入中国,中国社会各界开始给予农村义务教育财政支出实际效果越来越高的关注度。在这种大背景下,如何通过建立一套客观公正的绩效评估体系来有说服力地分析义务教育财政支出的实际绩效,从一个学者的角度试着给世人一个答案,并在此基础上提出一些优化农村义务教育财政支出绩效的政策建议便成为本书研究的一个基本出发点。

(二)选题的理论和现实意义

从理论分析来讲,在公共财政的框架内,义务教育属于纯公共产品的范畴,无论从公平的角度还是从效率的角度,政府都有充足的理由承担起义务教育的全部财政责任。针对目前"穷国办大教育"的基本国情,《中共中央国务院关于深化教育改革全面推进素质教育的决定》提出了"努力采取有效措施,切实加大教育投入,逐步实现国家财政性教育经费支出占国民生产总值百分之四的目标",同时强调,要"进一步完善教育经费拨款办法,充分发挥教育拨款在宏观调控中的作用,不断提高教育经费的使用效益"。在此政策背景下,义务教育财政支出绩效研究在当今中国,首先有助于义务教育财政支出绩效评估体系的完善。事实上,义务教育的绩效评估是义务教育管理中技术性最强的环节之一,也是义务教育管理工作者最为关心的内容。当下,很难对义务教育给以确切的评价,因为义务教育的绩效评估在义务教育管理领域中是最为棘手的任务之一，它的设计和实施是一个系统工程。目前，中国义务教育存在着战略指标虚设、投入严重不足、管理体制僵化、资金运用效率监管不力、教育质量缺乏评估等一系列突出问题，而这些恰恰正是由于中国义务教育缺乏绩效评估体系而造成的。因此，为了达到对义务教育财政支出进行绩效管理的最终目的，义务教育财政支出绩效评估就应当从义务教育的目标和战略出发，对义务教育的各个方面进行评价。通过义务教育财政支出绩效评估系统将义务教育的政策设计和组织实施紧密地结合起来，实现教育行政部门对义务教育供给过程及结果的追踪、检测和有效反馈，及时找出影响义务教育发展的关键性因素，掌握其中的关联关系，更好地做到义务教育的短期目标与长远目标有机结合，从而提升义务教育的质量。

其次，义务教育财政支出绩效研究有助于公共财政理论的完善。公共财政核心在于研究公共物品的生产和提供，绝大多数公共物品由于其内在特性使得市场机制失灵，以往对于政府公共物品的提供比较注重前期的投入，或者注重过程的控制，不注重结果的评估，使得对义务教育财政支出实际效果的考量缺乏必要的重视。而对财政支出绩效的研究意在将私人物品的市场供给机制引入到公共部门的公共服务供给中，逐步在义务教育领域实现财政支出与市场运作的有机结合，进一步改善义务教育财政供给效率与效果，提升财政支出绩效管理水平，完善公共部门经济学以及公共财政理论，提升财政资金的使用效果，最终实现墨子的"无用之费、足以倍之"的朴素哲学思想①。

再次，义务教育财政供给绩效研究有助于政府职能转变及义务教育财政管理模式的创新。通过对财政支出绩效评估手段的改良，意在用一种新的绩效理念和评估工具来逐步推动义务教育财

---

① "圣人为政一国，一国可倍也；大之为政天下，天下可倍也。其倍之，非外取地也，因其国家去其无用之费，足以倍之。"

政管理体制的创新,逐步转变教育行政部门现行的义务教育行政管理职能,逐步使政府从教育服务的直接提供者转变为教育服务体系的构建者与监管者,从对学校的直接行政监督者转变为间接的宏观管理者,从具体教育行为的指挥者转变为行为规则的制定者。同时,通过建立较为科学的结果导向的财政支出绩效评估体系,逐步实现财政预算与财政支出绩效评价结果的有机联系,逐步推动义务教育财政支出绩效管理体制的构建与实施,最终实现义务教育财政管理模式的创新。

最后,当前中国义务教育财政存在的投入不足、管理效率有待提高、资金监管不到位和教育质量缺乏评估等一系列突出问题与中国义务教育财政支出缺乏客观、有效的绩效评估体系是不无关系的。对此,本书通过对义务教育财政支出的预算形成、使用、结果考量整个财政支出流程的分析,研究并探讨评估义务教育财政支出绩效应当选取的模式、指标和方法,以此达到如下目的:(1)规范义务教育财政支出管理,提高财政科技投入的配置、使用效率;(2)充分发挥财政对义务教育的扶持作用,全面推进我国基础教育事业的快速发展;(3)在财政投入运作过程中,探寻财政部门、教育主管部门、教学单位和学生的利益关系,通过合理设置评估因素促使各部门充分履行职能,进而营造出义务教育领域和谐发展的氛围;(4)在明确义务教育财政支出绩效评估因素对绩效评估的影响程度的基础上,试图提炼出简单明了且具可操作性的义务教育财政支出绩效评估指标,进而形成绩效评估指标体系,推进政府财政绩效预算管理工作的发展。

二、重要概念界定

(一)绩效

关于什么是绩效,目前理论界尚未形成一致的表述;但各学者普遍认为:绩效是一个综合性概念,不仅包括对结果的衡量,还

7

包括对过程的衡量,甚至包括对提供方主观努力程度和接受方满足程度的衡量。其实,"绩效"是一个普遍概念——所有的对象或系统都存在绩效,它既非新词也非舶来品,更与政府行为渊源已久。

表 0.1 新公共管理基本框架

英文解释	中文解释
1.Something accomplished: deed feat	已完成的事:成就、成绩
2.The ability to perform: effciency	完成的能力:效率
3A.The manner in which a mechanism perfroms	机制起作用的方式
3B.The way in which someone or something fuctions	某人或某事起作用的方式
3C.The manner of reacting to stimuli	对刺激的反应方式
3D.Behavior in Which an organism engages in response to a task or activity which lead to results, especially to a result which modifies the environment in some way	集体组织对能以某汇总方式改变环境的任务或活动进行反应的行为
4A.The act of performing, or the state of being performed	进行或实行某事的行为或过程
4B.The fulfillment of a claim, promise or request: implementation	要求、允许或请示的满足和履行
4C.The execution of an action	行动的完成过程
4D.Activity	活动
5.Linguistic Behavior, contrasted with comprtence	语言表现度、为与胜任的对比
6A.The action of representing a character in a play	在戏剧中扮演角色的表演
6B.A public presentation or exhibition	公开的演出或展出
6C.The act or style of performing a work or role before an audience	在公众面前完成某项任务或扮演某个角色的行为或风格

资料来源:杨杰,方俐洛,凌文.关于绩效评价若干基本问题的思考.自然辩证法通讯,2001(2).

中国早在古代,选官、用官制度就已涉及政绩,只不过重点关注的是对"官员绩效"考核。如《后汉书·荀彧传》"原其绩效,足享高官";《旧唐书·夏侯孜传》"录其绩效,擢处钧衡";等等①。绩效(performance)一词在英文中意为"履行"、"执行"、"表现"、"行为"、"完成",在管理学中被引申为"成绩"、"成果"、"效益",最早用于投资项目管理、人力资源管理等方面。中国学者杨杰、方俐洛、凌文对众多字典中关于绩效的解释进行了比较分析,列出了"绩效"一词的多义概念。

在公共事务的管理当中,美国国家绩效衡量小组将绩效定义为"利用绩效信息协助设定的绩效目标,进行资源配置与优先顺序的安排,以告知管理者维持或改变既定目标计划,并且报告成功符合目标的管理过程"。中国行政管理学会联合课题组将绩效定义为"运用科学的方法、标准和程序,对政府机关的业绩、成就和实际工作做出尽可能准确的评价,在此基础上对政府绩效进行改善和提高"。②普雷姆詹德对绩效的定义是:绩效包含了效率、产品与服务的质量及数量、机构所做的贡献与质量,包含了节约、效益和效率③。亚洲开发银行的 Salvatore Schiavo-Camp 对绩效则如此论述:绩效是一个相对的概念,它可以用努力和结果这样的字眼进行定义。实际上,这一论述说明,完全忽视绩效的主观方面是错误的,主观方面是外部效果的重要决定因素,因此,绩效实质上不仅包含外部效果,也包含内在的努力程度,它往往可以通过投入、过程、产出和结果来描述④。此外,OCED 也对绩效进行了界定,提出:绩效是实施一项活动所获得的相对于目标的有效性,不仅包括从事该项活动的效率、经济性和效力,还包括活动实施主体对预

① 吴建南,阎波.政府绩效:理论诠释、实践分析与行动策略[J].西安交通大学学报(社会科学版),2004,24(3):31-32

②林鸿潮.美国《政府绩效与结果法》述评[J].行政法学研究,2005(2)

③普雷姆詹德.公共支出管理[M].北京:经济科学出版社,2002:68-69

④亚洲开发银行.公共支出管理[M].北京:经济科学出版社,2001:378-379

定活动过程的遵从程度以及该项活动的公众满意程度①。国内的学者也认为:绩效实际上是一项活动实施的结果,这种结果既包括实施这项活动所投入资源与获得效果的对比关系,也包括投入资源的合理性和结果的有效性②。这种理解和黄萍、黄万华对绩效的解释基本一致③,与朱志刚对绩效的定义也较接近④。

因此,从以上分析可以看出,简单地说,"绩效"就是成绩和效益,是一个内在融合了对个人或组织活动后果的主观评价和客观影响的质的规定性和量的测定性的综合概念⑤。绩效可以从多方面来衡量,这种标准可以通过产出和成果、利润、内部过程和程序、组织结构、雇员的态度、组织对外界环境的反应等不同方面表现出来。由此,在现代社会中理解、掌握并运用绩效概念,应综合考虑过程、方式、结果以及时间等多种因素,从经济、效率、效益等多方面加以把握。所以本书认为,在绩效管理的具体实践当中,应采用比较宽泛的绩效概念。正如有些学者指出的那样,绩效可以理解为"系统表征管理领域中的成就和效果"的一种概念工具⑥。

(二)财政支出绩效与教育支出绩效

既然绩效是一个宽广、复杂的概念,那么财政支出绩效也应该与其相对应。尽管国内外许多学者专家对财政支出绩效的内涵做了种种归纳,结论不尽一致,但有一点却是共识的,财政支出绩效也应该是一种更加系统和综合的概念,如果要很好地评估结果,首先要做的就是建立能够反映财政支出多元目标的价值标准体系,以取代传统的、单一的"经济或效率取向"。正如美国行政学家英

---

① Jack Diamond, Performance measurement and evaluation [J]. OECD Working Papers, 1994: 22-23

② 陆庆平.公共财政支出的绩效管理[M].财政研究, 2003(4):56-65

③ 黄萍,黄万华.公共行政支出绩效管理[J].红旗文摘, 2003(22):10-12

④ 朱志刚.公共支出绩效评价研究[M].北京:中国财政经济出版社, 2003:46-47

⑤ 马敬仁,杨卓如.现代政府绩效评价:中国问题与策略[J].公共行政, 2005 (8): 15

⑥ 刘旭涛.政府绩效管理:制度、战略与方法[M].北京:机械工业出版社,2003:48

格拉姆指出的:"有许多理由说明为什么政府不同于私营部门。最重要的一条是,对许多公共组织来说,效率不是所追求的唯一目的。比如在世界上许多国家中,公共组织是'最后的依靠'。它们正是通过不把效率置于至高无上的地位来立足于社会。"①在国内引用率颇高的《当代公共支出管理方法》中,Schick(2000)从公共支出管理视角提炼出"财政总额控制、分配效率与运作效率"三项基本要素。英国学者奥克兰也指出:"不管公共部门还是私营部门,全面质量管理都是整个组织改进竞争、高效、韧性的一种好的途径。"②中国香港特别行政区在2000年出版的《绩效评估的渐进指南》这样写道:"单位成本固然重要,但它只是一个要素,只是一个比较容易评估的要素,在绩效结构中,还有质量、成效等其他关键因素。"③由于教育支出绩效考量是针对教育财政资金使用效果的考量,因此对教育支出绩效的考量也不可避免要继承广义的财政支出绩效的理念。在本书中,对教育支出绩效的考量不仅从不同地区所处的教育经济环境、教育财政投入等投入类绩效进行了分析,还着重考察了教育的数量产出和教育的质量产出对教育支出绩效的影响,即综合考虑各个因素对教育支出绩效的影响,从而使对教育支出绩效的考察体现财政支出绩效中的多元目标价值。

(三)绩效评估与绩效管理

绩效评估也翻译为绩效评价,其实都源于英语 performance evaluation 一词。就其渊源来说,这个词在中国有着悠久的历史,中国把这个词叫作绩效考核。在中国,绩效考核的历史可以追溯到三皇五帝时期。《尚书·尧典》里有"纳于大麓,暴风骤雨弗迷",就是指尧将帝位让给舜之前,对其进行了绩效考核。明代的张居正

① [美]帕特里夏·英格拉姆. 公共管理体制改革的模式[A]国家行政学院国际合作交流部. 西方国家行政改革述评[C] . 北京:国家行政学院出版社,1998. 62 – 63.

② John Oakland. Total Quality Management , Oxford , Butterwort h Heinemann , 1993.

③ Efficiency Unit , Step – by – Step Guide to Performance Measurement . January 2000.

时期推行的京查制度《考成法》，就是中国封建社会最为完善的对文官集团的绩效考核体系之一。可见，绩效考核很早就在实践中受到中国统治者或管理者的重视。在西方工业领域，罗伯特·欧文斯最先于19世纪初将绩效考核引入苏格兰。美国军方于1813年开始采用绩效考核，美国联邦政府则于1842年开始对政府公务员进行绩效考核。目前在理论界，对绩效评估(performance evaluation)的研究广泛地分布于管理学、组织行为学、人力资源管理、心理学等学科中，学者们基于各自的研究目的对绩效评估做出了不同的理解和界定，但目前国内外尚无一致公认的定义。美国学者史密斯·穆飞认为，"绩效评估是组织对雇员价值秩序的决定"。美国朗格斯纳(longesner)认为，"绩效评估是基于事实，有组织地、客观地评估组织内每个人的特征、资格、习惯和态度的相对价值，确定其能力、业务状态和工作适应性的过程"。R.韦恩·蒙迪(R. Wayne Mondy)和罗伯特·M.诺埃(Robert M.Noe)认为，"绩效评估是定期考察和评价个人和小组工作的一种证实制度"。国内学者吴国存认为"绩效评估是对雇员与职务有关的业绩、能力、业务态度、性格、业务适应性等诸方面进行评定与记录的过程"。

表0.2　绩效评估的分类

分类标准	绩效评估的类别
评估的组织活动形式	正式评估和非正式评估
评估机构的地位	内部评估和外部评估
评估的时限	短期评估、中期评估和长期评估
评估的层次	宏观评估、中观评估和微观评估
评估的指标	定量评估和定性评估
评估的内容	政治效益评估、经济效益评估和社会效益评估
评估对象	个体绩效评估和组织绩效评估
被评估组织性质	企业绩效评估和公共组织绩效评估

资料来源：根据相关文献，笔者自行整理获得。

上述众多关于绩效的定义,意味着对绩效评估认识的演进过程。随着研究的日益深入,绩效评估也呈现出多样化的特点。从不同角度,绩效评估分为不同的类型。

如果综合相关文献,我们可以将绩效管理定义为:利用绩效信息设定统一的绩效目标,进行资源配置与优先顺序的安排,以帮助管理者维持或改变既定目标计划、并且报告其结果与目标符合程度的管理系统。绩效管理系统一般包括五个构成要素:绩效计划、绩效实施、绩效评估、绩效反馈和绩效评估结果的运用。因此,就绩效管理而言,它实际上是一个包含绩效评估的一个系统性概念。而就绩效管理与绩效评估区别而言,美国学者米歇尔·J. 勒贝斯(Michel J.Lebas,1995)认为,绩效评估是绩效管理的一个中心环节,绩效评估的结果表明了组织选择的战略或者行动的结果是什么,它是一种管理手段。而绩效管理是一种由绩效评估手段支持的管理理念,它为绩效评估提供了评估内容和对象,并在绩效评估的基础上进行决策和改进,绩效管理先于绩效评估并且紧随绩效评估之后。因此,在一个重复进行的循环中,绩效管理与绩效评估是不可分割的,他们互为先行或者后续。因此,绩效评估与绩效管理的这种关系要求组织的目标能够被分解成可测量和评估的战略和活动内容,在对这些战略和活动实施有效的绩效管理的基础上,实现组织的目标。绩效评估与绩效管理的主要区别如表 0.3 所示。

表 0.3　绩效评估与绩效管理的区别

绩效管理	绩效评估
一个完整的管理过程	管理过程中的局部环节和手段
侧重于信息沟通与绩效提高	侧重于判断和评估
伴随管理活动的全过程	只出现在特定的时期
事先的沟通与承诺	事后的评估

资料来源:范柏乃.政府绩效评估与管理.复旦大学出版社,2007 年,第 14 页.

（四）财政支出绩效评估与教育支出绩效评估

学术界研究公共部门绩效评估始于第二次世界大战期间,学者克莱伦斯·雷德和赫伯特·西蒙出版了《市政工作衡量:行政管理评估标准的调查》一书,标志着政府绩效评估研究的开始;由于政府广泛参与对经济的干预,许多经济学家开始研究政府行为绩效问题,把广泛应用于私人部门的成本—效益分析技术与方法应用于公共领域。20世纪50年代,公共支出的成本—效益分析理论已发展成为一套较为完整的体系,并在西方财政支出绩效管理中发挥了十分重要的作用。第二次世界大战后,政治学、经济学、社会学、管理学等社会科学的理论和研究取得显著进展,新的数理统计方法、计算机技术的应用,推动了公共部门绩效评估理论和方法的产生和发展。大规模的公共部门绩效评估繁盛于20世纪七八十年代,1973年,尼克松政府颁布了"联邦政府生产率测定方案"(The Federal Government Productivity Measurement)力图使公共部门绩效评估系统化、规范化、经常化。随后诞生的政策科学,以公共政策及其过程作为研究对象,从系统、宏观的角度促进公共政策具体化的绩效评估理论和方法的产生和发展。

随后在20世纪八九十年代,随着新管理主义思潮的兴起,战略管理、全面质量管理、标杆管理、目标管理等理论研究全面深入,尤其是绩效研究由传统的"效率途径"向"绩效途径"迈进,关于绩效的理解也逐步从单一因素的考虑变换到对多元因素的考量,绩效评估正成为推动政府变革的重要力量。首先,它注重部门长期目标的设定,而对它如何达成目标的具体手段放松规范限制。它将部门实际达成的效果与预期目标做出比较,根据可测量的过程来确定目标。其次,它将部门评估的表现和信息传递给公众,谋求与公众建立一种双向沟通机制,从而形成"鱼缸效应"——政府和公共部门的活动就像鱼缸中的金鱼一样无时无刻不在受到大众的审视和评判,提高公众对政府的信赖程度,并且它鼓励对工作人员授权而不是微观管理,使官员有了自主性。

目前,绩效评估已经成为当今公共管理领域的热门话题,尽管对于财政支出绩效评估的概念,目前还是众说纷纭①,但是绩效管理和绩效评价方法已成为新型的绩效改进和评价技术,成为政府部门和其他公共部门的主要管理工具之一。实行行政改革的国家都建立起较为完善的政府绩效评估机制,广泛运用于中央、地方各级政府部门和学校、国民保健机构等公共机构,并使用绩效评估技术向民众报告自己的绩效状况②。其中,发展较为成熟的主要有澳大利亚的以权责发生制会计制度为基础的面向结果的绩效预算和评价体系、加拿大的支出管理体系(Expenditure Management System,EMS)、美国的由《政府绩效与结果法案》(Government Performance and Results Act,GPRA)、《首席财务官法案》(CFO)和《政府管理改革法案》(GMRA)配套构成的完善的政府部门绩效评价制度、英国的中期财政战略(Medium Term Financial strategy MTFs),以及新西兰的战略管理(strategic Management,ST)等等③。可见,保证绩效是当前世界各国财政管理体制,更确切地说是财政支出管理体制变革的新趋势。正如一位国外学者指出的:目前世界经合组织成员国(OECD)间的一个主要趋势就是"建立可以使不同领域的类似行为可以进行比较的评估系统以及在公共部门中形成一种基于绩效的组织文化"④。也正如戴维·奥斯本和彼得·普拉斯特里克所指出的"尽管比起其他途

---

① 从目前的研究来看,基本上公共部门绩效评估、政府绩效评估、公共支出绩效评估、财政绩效评估、财政投入绩效评估、财政支出绩效评估、公共预算绩效评估等概念基本上可以同义使用。只是出于不同学科研究视角的不同而产生的用词偏好的不同。

② Bouekaert.Geert.TheHistoryoftheProductivityMovement.Public Produ Ctivity & Manag ement Review,1990(14):53

③ AaronWildavsky.Political Implieations of Budget Reform:A Retros Pective.Public Admini stration Review,1992(52):594—599

④ Kouzmin A and Helmut K,1999. Benc marking and Performance in Public Sectors. International Journal of Public Sector managementl2(2):121—144

径而言,绩效的改进过程通常更为缓慢,它的实施也需要更长的时间,但是世界再造者都发现,使用绩效管理可以使政府的生产率获得显著、持续的增长"。

而公共教育支出绩效评估相对于财政支出绩效评估而言实际上是从一般到特殊的过程。它是把财政支出绩效评估的方法运用到具体的财政支出领域的一种尝试,是财政支出绩效评价的重要组成部分。所谓财政性教育支出绩效评价,是指运用科学、规范的绩效评价方法,对照统一的评价标准,按照绩效的内在原则,对财政性教育支出行为过程及其效果(包括经济绩效、社会绩效和政治绩效)进行的科学、客观、公正的衡量比较和综合评判。

三、研究对象、范围和本书结构

(一)研究对象和范围的设定

从公共服务属性上看,无论在什么样空间范围内的义务教育的性质都是相同的,也就是说,本质上城市义务教育和农村义务教育是没有区别的,本书之所以要区分出"农村义务教育"主要是基于界定研究范围的需要。人类社会是从农业文明发展起来的,人类的生存依赖于农业的形成与发展。有农业就有农民,就会存在以农业为主要产业、以农民为基本人口的"农村"。从内涵上来看,"农村"是一个由农业人口组成、以农业产业为经济支撑、农业文明占据支配地位的空间范畴,它是一个具有相对意义的概念,是相对于城市而言的。随着经济和社会的发展,农村与城市的差距日益显著,呈现出农村与城市并存的"城乡二元社会"。尽管各个国家的自然条件和发展水平有所差异,但是都要经历"城乡二元社会"。城乡二元社会是工业文明发展过程中必然存在的一种社会结构形态。目前,一些发达资本主义国家已经完成了从城乡二元社会向以工业为主体的一元社会的转化。农业生产效率和农村城市化水平的提高,使得越来越多的农村人口成为城市人口。

在这种情况下,农村也发生了相应的变化。例如,美国联邦统计局把农村定义为"有广漠土地且居民少于 2500 人的地方"①。因此,在检索西方义务教育的文献时,我们很难能找到农村义务教育的概念。但是对于广大发展中国家来说,特别是像中国这样的农业大国,农村的实质是以广义的农业或"大农业"即农、林、牧、副、渔五业为基础产业的地区。农村义务教育的实质就是从农业文明向工业文明过渡中,在农村与城市二元社会里农民处于不利的历史条件下,进行的使农村适龄儿童、青少年获取知识与劳动技能、现代公民意识和创业能力的教育。②

本书的题目是"中国农村义务教育财政忧思录",这其中便指明了本书的研究对象,即中国农村地区的义务教育财政支出绩效。这其中,本书所指的农村地区并非是按自然属性划分的自然村落,而是按中国行政区域划分的行政村落的概念,即指县城以下的乡(镇)村基础教育,包括行政村和乡镇这样的两个层级,亦可称乡(镇)村中小学教育。因此,对中国行政村范畴的义务教育财政支出绩效考量实际上就变成了对县级行政层级政府对所管辖的县级以下行政管理范围教育财政支出总量、结构、支出效果的评估。而要完成这一特定概念和地区的义务教育财政支出绩效评估,就必须首先从义务教育财政支出这个更大的范畴中寻找相应的理论支持和构建与之对应的绩效评估体系,进而运用典型农村地区的义务教育财政支出数据代入评估模型,最终得出农村地区义务教育财政支出绩效评估的实证结果。

因此,从一般到特殊的研究思路,决定了本书的研究范围。首先,本书在中国社会转型的大背景下探讨了教育与经济发展、社会发展绩效之间的关系,义务教育在教育中的基础性作用,以及农村

---

① 傅松涛,杨彬. 美国农村社区基础教育现状与改革方略. 上海科教兴农网,2004.12.12

② 陈敬朴.农村教育概念的探讨[J].教育理论与实践,1999(11):39

义务教育在实现中国从人口大国向人力资源大国转变过程中的重要历史意义。其次,在理论层面分别从义务教育理论、公共产品理论和绩效管理三个理论阐述了义务教育财政支出的绩效评估的理论基础,并就本书要研究的绩效、财政支出绩效与教育支出绩效、财政支出绩效评估与教育支出绩效评估等几个关键、核心概念的基本含义给予了说明和阐释。再次,通过对西方先发国家,特别是对已经完成工业化转型的国家义务教育财政支出绩效评估政策历史演变过程的评价,总结出一些共通的历史发展规律,提出了对中国推行义务教育财政支出绩效评估的借鉴意义,并进一步分析影响义务教育财政支出绩效的相关因素。基于要素分析方法,通过对整个义务教育财政支出流程的全面考察,借鉴国内外已有的研究成果,尝试构建适合中国国情的义务教育绩效评估指标体系。最后,在此基础上利用已建立的评估指标体系,采用中国典型农村地区义务教育的真实调研数据进行财政支出绩效的实证分析,寻找存在的问题和不足,并给出一些相应的政策建议。

(二)本书的基本结构

本书除导言和结论展望部分外,主要分如下五大部分。

第一,该部分从义务教育财政支出绩效评估的义务教育、公共产品和绩效管理三大理论基石出发,分别从义务教育、财政支出和绩效评估三个方面对义务教育财政支出绩效评估进行了理论上的阐释,并对本书所涉及的一些核心概念进行了理论界定。

第二,从历史的角度,对西方发达国家政府绩效评估理念的兴起和义务教育财政支出绩效评估的做法与经验进行了梳理,并尝试着从当中寻找一些通行的规律,以期对中国义务教育财政支出绩效评估工作的开展给以一些提示。

第三,在梳理国内外绩效评估模式的基础上,区分了绩效评估的"黑盒模式"和"白盒模式",并引出了针对义务教育财政支出绩效评估的 CIPP 模型,然后从实际出发阐述了对于中国的义务教育财政支出绩效评估所应采取的模式。最后就该模式评估原则的设计、评估流程的选定、评估标准等问题进行了深入的讨论。并通过对现行义务教育财政支出绩效评估指标的考察,从理论遴选和实证遴选两个方面对中国义务教育财政支出绩效评估指标体系进行了设计。其中,理论遴选中确定了评估的价值取向和要素结构;实证遴选中通过隶属度分析、相关性分析和鉴别力分析,对指标体系进行了三轮的调整与筛选,最终确定了涉及教育经济环境、财政投入、教育数量产出和教育质量产出四大类共23个指标。

第四,依据第四章所建立的指标体系,在数据收集和整理的基础上,对实际调研的四个县级区域的义务教育财政支出绩效进行了实证分析,并对结果进行了排序且得出了相应的结论。

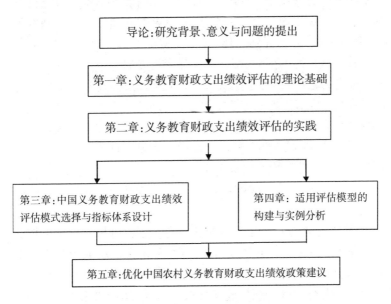

图 0.1　本书的技术路线图

第五,把义务教育财政支出绩效评估的优化问题,具体分为绩效评估的优化和绩效管理优化两大问题,并就如何完善绩效评估以及如何实现义务教育财政支出的绩效管理提出了相应的对策建议,同时提出了如何实现绩效评估转向绩效管理的、切实可行的政策优化路径。

四、本书的研究方法、创新点、难点与不足

(一)研究方法说明

本书研究以辩证唯物主义基本哲学原理为指导,坚持理论联系实际的原则,采用政治、经济、统计、计量等学科领域通常使用并证明行之有效的研究方法进行研究。

第一,实证分析与规范分析相结合。规范的静态分析方法主要是解决应有意义上的命题,可以为教育财政支出效益研究树立判断标尺。运用规范分析的方法,对义务教育绩效评估的基本理论、基本范畴,包括评估主体、评估流程标准、评估指标和评估模型等进行规范性的探讨,使实际工作者可以据以进行财政决策和制度安排;实证分析方法主要进行客观的动态描述和分析研究业已存在的现象,主要解决实施意义上的问题。为了分析和证实这些评估技术、方法的科学性、可行性和有效性,通过实地调查掌握的第一手资料,对中西部地区县级政府的教育财政支出绩效进行实证评估,分析制约其绩效水平的主要因素,有针对性地提出优化对策,可以将二者有机地结合在一起,进而形成互为补充的研究范式。

第二,定性分析与定量分析相结合。定性分析是指从事物的本质属性上来认识、把握该事物;定量分析则是从事物的规模上来认识、把握该事物。本书拟在定性分析的基础上,将定性研究与定量研究结合起来,在构建义务教育财政支出评估指标体系时,结合定性指标与定量指标,并运用层次分析法确定评估指标权

重。在评估信息处理过程中,通过将定性指标量化,对义务教育财政支出绩效进行定量分析,为研究财政支出实际效果问题及解决措施等方面提供量化依据。

第三,制度分析与经济分析相结合的方法。制度分析是近年来国内外社会科学研究极为关注的热点课题之一。制度分析的理论及方法论内核在于从一个整体的、相互联系的、辩证发展的及历史的视角研究制度的变迁及其与社会、政治、历史、文化等因素的互动作用。制度提供了人类相互影响的框架,这一框架约束了人们的选择,人的行为方式是制度的函数。本书拟在义务教育财政支出绩效评估研究的基础上,从绩效管理的角度剖析制度层面的财政预算拨款机制所存在的问题,进而提出以制度创新来提升义务教育财政支出绩效的设想。

第四,国外研究成果和国情相结合的分析方法。他山之石,可以攻玉。本书拟在认识国外研究成果局限性的基础上,对国外在义务教育财政支出评估研究方面的一些成果(如基本的理论分析框架、实际的运作模式与经验等),在批判的基础上,本着"拿来主义"的精神科学地加以借鉴和利用。

(二)本书的创新点

1.理论创新,本书通过对义务教育理论、公共产品理论和绩效管理理论的分析从理论上阐释了将绩效管理引入义务教育财政投入的理论渊源及其合理性,提出了义务教育的纯公共产品特性并必然排斥市场机制和绩效管理的理念,从而为通过绩效管理提升义务教育财政支出绩效奠定了理论基础。

2.构建了义务教育财政支出绩效评估的评估模型和指标体系。鉴于中国刚刚起步的财政支出绩效评估、特别是针对特定的公共服务支出绩效评估而言,由于缺乏规范、统一的评估体系,因此,在现阶段构建科学、规范和客观的评估模型和指标体系仍然是义务教育财政支出绩效评估研究的难点、焦点和关键点。本书尝试按照 CIP 模式建立了一套涉及绩效的评估体系,并按照理论筛选和实证筛选两个环节来增加绩效评估指标的客观性和可信度,以期为以后的研究工作贡献一种新的研究思路。

3.在所建立的客观的绩效评估体系的基础上,本书利用对典型农村地区实际调研数据进行了实证分析,来验证本书所建立的绩效评估体系的可行性,并使用 AHP 和 DEA 分析相结合的新型数据处理方式,构造了综合评估指数和努力指数相结合的二维评估空间来为财政支出的绩效评估提供客观的依据。这从一定程度上解决了该类研究中如何有效和客观选择评估参照系的难题。

4.在政策建议部分,由于绩效评估的最终目的是通过绩效管理来提升义务教育财政资金的使用效率,因此本书提出了在完善绩效评估体系的基础上逐步推行财政支出绩效管理的政策建议思路。在总体改进义务教育财政投入分配政策的同时,通过完善客观、准确的义务教育财政支出绩效评估体系和尝试县域的基于"教育卡"的需方管理和信息化动态管理,逐步实现绩效与预算资金分配的相互反馈,建立财政预算绩效拨款的激励机制,从而为通过义务教育财政支出绩效评估来推动财政支出绩效管理规划一条自下而上的优化义务教育财政支出绩效的新路径。

(三)可能遇到的困难与解决问题设想

笔者在写作之初就已经对写作当中即将遇到的困难做出了一定的估计,但是在实际下笔之后还是发现写作的困难大大超出了笔者之前的预料,所遇到的困难大致有以下三个方面:

1.由于目前财政学界对于财政支出绩效的研究多处于一般性的、粗线条的理论探讨和简单的实践探索阶段,深入到某一具体财政支出领域的研究材料还相对较少,特别是针对农村义务教育这样一个教育财政支出领域的子范畴的研究材料就少之又少,加之在国外的相应文献中并没有与农村义务教育这个概念所对应的研究范畴,这便为本书的研究资料的收集摆出了一个不小的难题。因此,笔者在写作时查阅了大量的相关的资料,在不断形成本书核心概念的基础上逐步整理材料,最终完成了相应材料的转换和整合工作。

2.在义务教育财政支出绩效评估的模型选择上,本书把义务教育的产出分为了数量产出和质量产出两大方面。数量产出方面理论界已经基本达成了共识,而质量产出的界定还存在一定的分歧,这就导致了质量产出衡量指标选择和计量评估的困难,虽然前人的研究有一些关于评估质量产出的模型,但是由于几乎没有学者利用自身所构建的指标体系做出过实证分析,所以在本书要做出实证分析结果的前提要求下,本书模型的选择仍存在很大的不确定性。由于能做出实证结果的模型要比理想化的模型所要考虑的因素更多,因此笔者只能按照本书所界定的义务教育财政支出质量产出的衡量标准来进行实证测算。

3.在数据的收集上,笔者遇到了不小的困难。这里面有两个原因:首先是由于在实际调研前没有完成对指标体系详尽和科学的构架,因此导致了所要收集数据的不明确性,实际的采集过程存在需要的数据没有收集上来和不需要的数据却收集了不少的尴尬局面,这在一定程度上影响了实证分析的效果。其次,在实际的调研过程中,由于很多数据都是政府教育主管部门的数据,在现行的中国行政体制下,这些政府内部的数据仍被相关的行政领导看成是部门秘密,同时加之中国目前日益兴起的部门考核之风,使得各种数据在获取上存在一定的阻力,这无形中加大了数据收集的困难和成本支出。最后,笔者回来后通过电子邮件、电话等各种方式与当地政府的教育部门密切地保持着联系,并反复说明了本研究的意义和目的后,才逐步补充了相应缺失的数据。

(四)阶段性研究成果存在的不足之处

一切的研究成果都是在前人研究成果的基础上完成的,虽然本书在农村义务教育财政支出绩效评估研究工作上取得了一些实证方面的创新和成果,但是在研究的过程中,随着研究的逐步深入,笔者越来越感觉到研究成果的有限和不足,在实际研究过程中,主要有以下两个方面的不足:

1.在实际评估指标的选择上,由于受到AHP层次分析法所要求的主观评价因素的限制,以及数据采集和数据处理方面的约束,因此本书不得不在所构建的理想化的指标体系中通过技术手段人为地删除一些理论上可行,可实际上不可行的指标来满足实证分析的需要,这些被去掉的指标虽然不会影响指标体系最终的输出结果,但是却在一定程度上破坏了指标体系的完整性,这不能不说是一个遗憾。

2.尽管笔者在写作本书之前,历经了3个月的时间在中国中西部地区的四省四县进行了实地的调研,并掌握了部分一手数据来完成本书的实证分析,但是实际的分析结果还是由于数据样本量的不足而缺乏说服力,特别是后面所使用的DEA数据包络分析方法,要求所形成的绩效评估前沿面需要有足够的样本量,但由于本书数据样本的限制,只能通过降低维数的方法来完成最后的实证,最终在一定程度上影响了实证分析结果的说服力。随着日后研究工作的深入,我相信随着样本量的加大,本书的研究可以沿着现有的研究方向继续深入下去。

第一章 义务教育与相关理论的综述与评析

❖❖❖❖❖❖❖❖❖❖❖❖❖❖❖❖❖❖❖❖❖❖❖❖

○义务教育理论

○义务教育的公共产品属性

○公共财政绩效管理理论

❖❖❖❖❖❖❖❖❖❖❖❖❖❖❖❖❖❖❖❖❖❖❖❖

本章从义务教育、公共产品和绩效管理三大理论视角分别阐述与义务教育财政支出绩效评估相关的理论基础。义务教育理论主要从义务教育的内涵、义务教育的特征和义务教育的社会功效等方面来阐述义务教育的发展对于社会发展的重要历史意义。公共产品理论分别从公共产品的特点、市场失灵和义务教育的政府供给与私人提供三个方面阐述政府财政介入义务教育供给的必然性以及相应的供给方式。而绩效管理理论则从绩效管理理论产生的背景、渊源和目标等角度阐述了在义务教育财政支出引入绩效管理的目的以及对义务教育财政支出的启示。本章是全书的理论基础亦是全书论述的逻辑起点，它为后面章节的论述提供一个理论依据，发挥着提纲挈领的作用。下面我们就分别加以详细的论述。

第一节 义务教育理论

一、义务教育的内涵

1619 年德意志魏玛邦公布学校法令，规定牧师和学校教师，应将 6 到 12 岁男女儿童的名单造册报送学校，6 到 12 岁的儿童必须到学校读书，不愿意送儿童入学的家长，将受到惩罚，实行强迫教育的措施，这是义务教育的发端。

1990 年 3 月在"世界全民教育大会"中通过的《世界全民教育宣言》明确提出："义务教育本身不仅仅是目的，它是终身学习和人类发展的基础"，"每一个人——儿童、青年和成人——都应能获得旨在满足其基本学习需要的受教育机会，基本学习需要包括基本的学习手段（如读、写、口头表达演算和问题解决）和基本的学习内容（如知识、技能、价值观念和态度）。而这些内容和手段是人们为能生存下去，充分发展自己的能力，有尊严地生活和工作，充分地参与发展，改善自己的生活质量，明智地做出有见识的决策并能继续学习所需要的"。

中国义务教育概念是从国外翻译过来的，当初译进来的时候，其名称多种多样，有的称之为"强迫教育"；有的谓之"普及教育"、"普及义务教育"；有的称为"免费教育"；有人称"国民教育"；还有人称之为"初等义务教育"。这些不同的称谓其实都译自英语 Compulsory Education。从概念上而言，由于对义务教育中"义务"一词的理解不同，因此，义务教育也就表现出强制性、公共性、免费性和普遍性等特点。首先，义务教育的英语为 compulsory education，也可以翻译为 compulsory schooling，直译为中文就是"强迫教育"或"强迫的学校教育"，是指国家在全体的适龄儿童、少年中普及教育的目标，用法律规定保证适龄儿童入学是国家和家长的义务，以便用国家的意志来保证全体国民的共同利益和要求。其次,国家之所以实施义务教育,其原因在于作为国民基础教育,义务教育能够培养国民共同的社会意识和价值观,提高国民素质,增加国家的竞争力,既是提高国民福利的途径,也体现全国人民的利益。可见,义务教育是公益事业,义务教育具有公共性的特点。再次,世界各国的普遍经验是没有免费的教育就没有义务教育,也就没有普及教育。没有免费作为前提,外在的强制性无论如何强烈,家长由于缺乏起码的生存条件,无力支付教育及相关费用,也是不能奏效的。同样没有免费作为前提,家庭经济困难的儿童就难以入学,普及就很难达到。最后,普及教育是国家对全体国民实施的某种程度的普通教育,其"程度"由一国政治、经济和文化发展状况而定,其对象也可以包括成人。

1985年《中共中央关于教育体制改革的决定》指出:"义务教育,即依据法律规定适龄儿童和青少年都必须接受,国家、社会、家庭必须予以保证的国民教育,为现代生产发展和现代社会生活所必须,是现代文明的一个标志。"1986年《关于〈中华人民共和国义务教育法(草案)〉的说明》中则指出:"义务教育,是按照法律规定,适龄儿童和少年必须接受的国家、社会、学校、家庭必须予以保证的国民教育。"新修订的《义务教育法》中第四条规定:"凡具有中华人民共和国国籍的适龄儿童、少年,不分性别、民族、种族、家庭财产状况、宗教信仰等,依法享有平等义务教育的权利,并履行接受义务教育的义务。"因此,义务教育可以理解为是国家以法律政策的形式规定对一定年龄儿童免费实施一定程度的学校教育。

二、义务教育的特征

(一)强制性

义务教育的强制性也称义务性,是指适龄儿童必须接受法律所强制规定年制的教育。比起其他阶段教育的自愿性而言,强制性是义务教育的最显著的特点。由于义务教育对个人及社会的影响，是一种长期行为，即在短期内是无法预见和估量的，也正是义务教育的这一特点，使人们产生了"短视"行为，即人们因无法判断和衡量义务教育的作用，而忽略了义务教育投入的必要性，宁肯用立竿见影的短期投资或者消费行为代替义务教育方面的投入。义务教育的这一特征决定了政府必须提供义务教育，且强制公民履行其接受义务教育的义务。我国义务教育是依照法律规定，适龄儿童和少年必须接受的，国家、社会、家庭必须予以保证的国民教育。1982年《中华人民共和国宪法》第十九条明确规定，"国家举办各种学校普及初等义务教育"。在1986年颁布的《义务教育法》中首次以法律形式确立"国家实行九年义务教育"。1995年的《教育法》重申，"国家实行九年制义务教育制度"。可见，在政策层面上说，我国的义务教育具有强制性。

（二）基础性

基础性是指在国民教育体系中，义务教育处于基础地位，是学生接受其他阶段教育的前提和基础。义务教育会使整个社会因受教育者的文化程度的提高而受益。一般来说，一国国民受教育的时间越长，劳动者的劳动技能与劳动生产率就越高，从而更能提高整个社会的产量和促进国民经济的发展。虽然在不同的教育阶段，受教育者获得的非经济收益，教育对他人和社会所产生的正外部效应是很难加以客观量化，进行比较的。但有研究表明，教育的外部经济同教育阶段成反比，越低的教育阶段产生的正外部效应越大，越需要政府的财政支持。因为就个人而言，接受一定的义务教育，与其适应能力、民主意识和代际影响等有着更为密切的关系。就整个社会而言，义务教育的普及与发展不仅能为全社会各类专门人才的培养奠定良好的基础，对今后整个教育、科技和社会经济的进步与发展产生深远的影响，而且其自身还直接制约着整个民族政治、文化及道德素质的培养和提高，乃至关系着一个民族的兴衰存亡，这是其他任何阶段的教育所不能替代的。

表 1.1 不同国家不同阶段公共教育支出社会与个人收益率 （%）

国家(地区)	社会			个人		
	初等	中等	高等	初等	中等	高等
撒哈拉以南非洲	24.3	8.2	11.2	41.3	26.6	27.8
亚洲	19.9	13.3	11.7	39.3	18.9	19.9
欧洲 / 中东 / 北非 *	15.5	11.2	10.6	17.4	15.9	21.7
拉丁美洲 / 加勒比	17.9	12.8	12.3	26.2	16.8	19.7
经合发展国家	14.4	10.2	8.7	21.7	12.4	12.3
世界	18.4	13.1	10.9	29.1	18.1	20.3

资料来源：普萨卡拉波罗斯(1993)。详见 S.普拉丹著：《公共支出分析的基本方法》，蒋洪等译，中国财政经济出版社，第 118 页。其中，＊表示非经合国家。

(三)普及性

普及性是指义务教育是一种依法接受的教育，凡是符合法定年龄条件的人，不分城乡、种族、民族和贫富，都应当依法接受教育，因而它覆盖到全国所有家庭。义务教育由其在整个教育系统中的基础地位以及对社会和个人的重要性，而成为全社会每个成员都需要的教育，也是全体民众和青少年儿童在现实条件下普遍应该得到的教育。正如国际 21 世纪教育委员会在向联合国教科文组织提交的报告中指出的："义务教育是必不可少的'通向生活的通行证'，它使享受这一教育的人能够选择自己将要从事的职业，参与建设集体的未来和继续学习。如要成功地同两性之间的不平等以及同各国内部和国家之间的不平等现象做斗争，义务教育则是至关重要的。为了缩小给妇女、农村居民、城市贫民、处于社会边缘的少数民族和数百万未上学的童工等许多群体带来痛苦的巨大差距,义务教育是必须跨越的第一步。"

三、政府义务教育的社会功效

(一)义务教育首先是一种生存教育

从社会普遍服务理论来分析[1],一般意义上的义务教育实际上就是一种典型的生存教育[2],义务教育政策的本质就在于保障全体社会成员的基本生存与发展权利,它是全体民众具有的一种基本的而且应该得到满足的基本权利[3]。也就是阿玛蒂亚·森所说的应得权利——一大堆的可供选择的商品,个人可以借助不同的合法的对某些人敞开的方法去占有这些商品(阿玛蒂亚·森,1986)。不管是 17 ~ 18 世纪的宗教改革所倡导的作为宗教权利平等的教育权利平等,还是启蒙运动思想家所倡导的天赋人权的教育权利,都为后来的国家公共教育制度奠定了理论基础。因为义务教育就如同工业革命时期工人识字、算术一样,乃是在当今信息化社会中生存的基本条件,因此它必然构成民众基本的和最低

---

[1] 教育普遍服务属于人文社会普遍服务的一种,具体而言,具有如下性质:第一,强制性,教育的普及是无法依赖市场与个人自发实现的,需政府提供立法保障、强制并规范实行;第二,非歧视性,提供的教育产品与服务对全体社会成员而言是公平而且机会均等的,即不受收入多寡、所处地理位置、种族、性别、年龄等因素限制;第三,可获得性,即全国范围内的所有社会成员无论何时何地,都能够以支付得起的价格获得教育普遍服务;第四,同质性,国民在价格、质量和服务等方面得到的服务应是质量相等的。教育普遍服务是对全体社会成员享有公平的受教育机会的保障。同时,在权利的保障的基础上,为国民提供公平公正的发展机会,尤其对促进贫困地区与人群的发展具有极大的拉动作用,从而提升整体经济效率。

[2] 生存教育是与地位教育相对的一个概念,指的是作为一个人的生存手段而接受的教育,它更多的是一种有关劳动生产技术和技能的训练,以及为接受这样的训练而必须具备的基础教育。

[3]《世界人权宣言》中写道,"(一)人人都有受教育的权利,教育应当免费,至少在初级和基本阶段应如此。初级教育应属义务性质。技术和职业教育应普遍设立。高等教育应根据成绩对一切人平等开放。(二)教育的目的在于充分发展人的个性并加强对人权和基本自由的尊重。教育应促进各国、各种族或宗教集团间的了解、容忍和友谊,并促进联合国维护和平的各项活动。(三)父母对其子女所应受的教育的种类,有优先选择的权利。"

限度的教育需求,同时它又构成人类基本权利其他方面比如发展权的基础,一个简单的逻辑就是:个体的发展乃是基于生存这一前提之上的, 而生存所必需的基本技能乃是来自多种形式的教育,而个体所接受的教育却首先必须是生存教育,即现代社会的义务教育。基本的义务教育作为社会平等的基本保障是每个社会和国家、政府义不容辞的责任,就像国家必须提供社会保障这种公共产品一样,实际上,美国等国家就将教育尤其是义务教育纳入到了其社会保障的统计口径当中。这种理念实际上根植于洛克、卢梭等的"社会契约论"思想,人民将权利通过契约的形式赋予国家和政府,后者自然有义务保障前者的基本权利,义务教育的平等就意味着文明社会中国家和政府有义务保证人人能够接受这种事关生存和发展的义务教育。义务教育的普及不过是生存教育平等的显示而已。

(二)义务教育为社会塑造必需的公民素质

义务教育为整个社会塑造了公民素质这一社会性产品。在工业化社会,随着市场自身秩序的不断完善,社会交换达到空前的程度。社会主体之间的经济合作日益密切,实现了各种生产要素的高度社会化。与经济的发展相适应,政治制度实行了民主政治,社会成员以从未有过的自主权利参与到社会政策的制定等各个方面,不仅在经济上,而且在政治领域,以及在社会生活的各个方面,人们都达到了前所未有的相互依赖。在这种情况下,对劳动力以及全体公民的素质提出了新的要求,如一个国民所应该具有的统一的语言、文化、历史、生活习惯、相同的传统伦理道德哲学、相近的价值取向等。因为在一个高度社会化的社会中,只有参与社会共同生活的公民具有这样的素质,才能使国内公民在现有制度内降低交易费用。因为共同的道德规范,共同的价值取向能相对减少人们的机会主义倾向,增加经济生活中的可预见性,从而可以减少社会中的交易费用。这不仅可以节约国内交易中的制度成本,而且能在统一对外的竞争中发挥优势。这种交易费用减少的收益是难以分割的,是在整个国家,民族范围内共同享用的,在一个国家或民族内部,在人们消费它们时具有非排他性和非竞争性,因而这种公民的素质就是全国性的公共产品。国际经验表明:工业化、城市化的推广对劳动力以及全体公民的素质提出新要求的同时,也促进了义务教育的普及。无论第一轮的工业化国家,如英、德、法、美及西欧其他国家,还是第二轮的日本,以及第三轮的亚洲新兴工业国,都是在工业规模经济的扩展,城市化进程加快的过程中,实现了义务教育的普及。阿尔温·托夫勒就这一现象评价道:"当劳动者离开田间和家庭,儿童就需要为将来进入工厂生活做准备……如果能使青年人预先就有适应工业制度的训练,就可以大大减轻他们日后在工业中的纪律问题。结果,群体化教育成为所有第二次浪潮社会又一个结构中心。"①

(三)义务教育为民族国家提供了统一的国民思想

一个民族具有的基本共同的思想、准则、精神、统一的国家观念和民族意识是义务教育的使命。1807年,当法国军队占领柏林时,德国哲学家费希特发表了《告德意志国民讲演》,呼吁通过国民教育塑造德国国民来拯救德意志民族国家,并主张国民教育应为义务教育,每一个国民都有受教育的权利和义务。由此可见,义务教育建立的初期就承担了培养具有统一的国家观念国民的任务。各民族国家为了培养统一的民族国家的国民思想,相继引进这项制度。清朝末期,清政府引进义务教育制度,颁布《奏定学堂章程》。这个章程规定,小学堂的教育宗旨是:"以启其人生应有之知识,主其明伦理,爱国家之根基,并拥护儿童身体,令其发育。"②由此可见,培养国民思想成为义务教育的宗旨。对于国内的人来

---

① [美]阿尔温·托夫勒. 第三次浪潮[M].朱志炎等译.上海:三联书店,1983.

② 1903年(癸卯年),张百熙和张之洞、荣庆等重新拟订了《奏定学堂章程》,正式公布在全国实行,被称为"癸卯学制",这是我国第一个新教育学制。1905年,清政府又明令废止科举制度。从此,结束了2000多年的封建教育体制和1000余年的科举制度。

说,这就是纯粹的全国性的公共产品。最后义务教育还充当了社会震荡的化解器。商品经济下私利的驱动,社会收入差距的拉大,贫民阶层的存在,人口的积累,都是潜在的危害社会稳定的因素。因此,在义务教育推广的初期,学者就把促进社会稳定,保护中产阶级等阶层的生活环境作为义务教育的目标。哈耶克的《自由秩序原理》说:"政府把教育当作一种实现平均主义目标的工具来运用。"①由此可见,义务教育有助于缩小社会差距,促进社会稳定。因此,在现代社会中,正是义务教育所带来的基本的公共素质,推动社会的不断进步。

处于体制转轨中的欠发达国家的政府除了应履行好其核心职能和适度职能外,还要特别注意履行好其积极职能,包括努力促进社会公平、协调好私人经济活动、搞好非国有财产的再分配、不断推进政府自身改革等。同时,只有合理界定和划分政府职能,政府治理才有基础,才会更加有效。

第二节　义务教育的公共产品属性

一、公共产品的概念与特点

公共产品理论属于经济学范畴,是现代西方财政学的核心理论,在理论上,鉴别纯公共产品的标准或者说纯公共产品的特性有三个,即效用的不可分割性(non-divisibility)、收益的非排他性(non-excludability) 和消费的非竞争性 (non competitive in consumption)。从以上公共产品的三个特征来分析,作为一种制度安排的义务教育服务完全具有纯公共产品特征。首先,义务教育满足公共产品效用的不可分割性要求。按照义务教育法的规定,义务教育是一种强制性教育。作为制度,它是向整个社会共同提供的,全体社会成员平等享有其效用,而不能将其分割为若干部

---

① 哈耶克.自由秩序原理[M].邓正来译.三联书店,1997:170

分,分别归属于某些集团或个人享用;或不能按照谁付款谁受益的原则实行排他,限定为之付款的个人或集团单独享用。其次,义务教育满足公共产品消费的非竞争性要求。义务教育的强迫、无偿、最低限度等特征,使公共部门在提供义务教育时,不可能选择向一部分人提供,不向另一部分人提供。让所有有义务接受教育的人都来接受教育,是义务教育的基本特征。学龄公民接受义务教育并不会导致政府在义务教育制度安排上的边际成本的上升,也不会影响其他学生获得教育资源的数量和质量——其边际生产成本与边际拥挤成本均为零,满足公共产品消费的非竞争性要求。再次,义务教育满足公共产品收益的非排他性要求。义务教育从供给方面表现出全体社会成员集体消费或等量消费的无选择性与不可拒绝性。义务教育具有的强制性充分体现在"义务"二字上,即在"义务"期限内,国民所受之教育是强制性的,不可拒绝的;国民在接受教育的同时,无法排斥其他适当主体参与其中共享收益——一旦违反,便将招致法律的否定性评价。因而,义务教育的制度安排保证了其在收益方面的非排他性要求。

二、市场失灵——义务教育政府提供的逻辑起点

认识并充分肯定义务教育的公共性特征至关重要,为保证义务教育的政府投入责任、促进义务教育有效发展提供了重要的理论依据,因为纯公共产品只能由政府提供——竞争的市场不可能达到公共产品的帕累托(由意大利经济学家帕累托提出,即使一个人状况变好而没有使其他人状况变坏的资源的重新配置)最优产量。究其原因,正是因为义务教育的这种公共品特性,使得义务教育对社会产生巨大的正外部效应[1]。根据人力资本理论,相关学

---

① 外部效应所指的,仅仅是那些无法通过市场交易为它付费的收益或无法通过市场交易获得补偿的损失。美国经济学家J.E.斯蒂格利茨(1997)认为外部性是"个人或厂商没有承担其行为的全部成本(消极的外部性)或没有享有其全部收益(积极的外部性)时所出现的一种现象,政府可以明确地被看作是众人建立的外部效应内部化的义务机构"。

者运用收益—成本方法从教育的不同维度测算了教育的个人收益和社会收益，下表是希腊学者普萨卡拉波罗斯（Psacharporlos）通过对 60 多个国家的各阶段教育的社会收益率和私人收益率的比较测算。结果表明,发展中国家人力资本投资收益明显高于实物资本投资收益,初等和中等教育阶段的教育收益明显高于高等教育阶段,教育的社会收益率十分高,虽然低于教育的个人投资收益率,但是大于实物资本投资收益率。

表 1.2　按收入类型分类的教育投资回报率(%)

	个人投资收益率			社会投资收益率		
	初等	中等	高等	初等	中等	高等
世界平均	30.7	17.7	19.0	20.0	13.5	10.7
低收入国家<610	35.2	19.3	23.5	23.4	15.2	10.6
中等收入国家<2450	29.9	18.7	18.9	18.2	13.4	11.4
中高收入国家<7620	21.3	12.7	14.8	14.3	10.6	9.5
高收入国家>7620		12.8	7.7		10.3	8.2

资料来源:世界银行高级教育经济学家普萨卡拉波罗斯(Psacharporlos)对教育投资回报率问题进行的研究。转引自:盛世明:《义务教育的产品属性及其供给的博弈论分析》,《上饶师范学院学报》2003 年第 6 期。

　　因此,在这种情况下,一旦教育产品完全依靠私人部门通过市场机制来配置,将会不可避免地产生"搭便车(free rider)"现象。因为从社会的角度,实现资源有效配置必须遵循的原则是社会边际成本等于社会边际收益,在完全由私人部门通过市场机制配置资源时,遵循的却是社会边际成本等于边际收益的原则,由于教育的社会边际收益远大于个人边际收益,结果就是私人提供的教育达不到有效率的社会最优水平。具体见图 1.1[①]。

――――――――
　　[①] 林洋.我国教育支出的分析研究[J].财税与会计,2003(10).

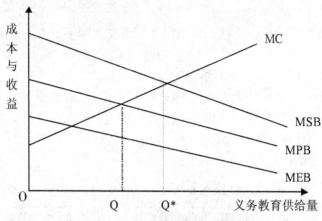

图 1.1　义务教育的正外部性与数量供给

私人部门在提供教育时,它的边际私人收益(MPB)和边际私人成本如图1所示,私人部门决定的教育提供量是 Q,因为在此点,MPB=MC。由于教育具有正外部性,其边际外部收益为 MEB,故教育的边际社会收益为 MPB 和 MEB 之和,即 MSB。根据效率的要求,教育的最佳提供数量为 Q*,在此点,MSB=MC。这就说明,市场不能保证教育达到最有效的提供。为了保证教育达到最佳规模,需要政府采取措施加以干预,如对教育给予相应的补贴,使教育提供达到最佳规模。

也正因为如此,从经济学的发展来看,虽然经历了古典自由主义——凯恩斯主义——新古典自由主义这样一条演化路径,但各流派对国家的教育责任基本上都有所主张,各国政府都责无旁贷地承担了义务教育的供给职能。古典自由主义者从功利主义的视角将国家视为公共利益的代表,在坚持放任自由的市场经济的同时,要求国家适当负担民众教育责任,认为这既是对下层群体的一种补偿,也是为工业化社会生产提供合格劳动力。国家不仅要提供而且还要实行监督,务使这项义务尽可能在父母负担下得到履行(穆勒,1982)。到20世纪30年代凯恩斯主义盛行以后,国家的干预主义盛极一时,福利国家开始越来越多地承担起了教育的责任和义务,最明显的例子就是法国1947年推行《朗之万—华伦教育改革方案》,大力倡导民主、正义、平等和多样化的教育改革。此外,20世纪60年代以来发达国家普遍延长义务教育的时间,加大对公共教育经费投入等,教育的大众化趋势日趋明显。以弗里德曼为首的新自由主义在批判凯恩斯主义的基础上同样继承了国家有限干预的教育原则,他们认为,教育的外溢效应十分明显,政府的"不作为"将导致一些公民得不到最低限度的教育,不能接受社会的共同准则,因而危及民主社会的基础;相反,儿童所接受的教育不仅有利于儿童自己或家庭,而且社会上其他成员也会从中得到好处, 这种外溢性还包括有助于政府消减犯罪,扩大教育机会均等和促进经济增长(弗里德曼,1999)。

三、义务教育的政府提供与私人生产

尽管在上节的论述中,我们着力强调了义务教育的公共品特征,以及政府在提供义务教育时所起的主导作用,但是这并不意味着义务教育必须由政府直接生产。事实上在公共领域,供给与生产的区分是十分重要的[①]。供给这个词指的是通过集体选择机制做出的决策(ACIR,1987)[②]。生产指的是"将投入变成产出的更加技术化的过程,制造一类产品,或者在许多情况

[①] 对这些概念的探讨, 见 Musgrave (1959) 和 V.ostrom, Tiebout , and Warren (1961)。对这些概念的应用,见 E.Ostrom Parks and Whitaker(1978); ACIR (1987)及 V. Ostrom, Bish and E.Ostrom(1988)。

[②] ACIR (Ronald J.Oakerson),1987.The Organization of Local Public Economies washington.D.C.Advisory Commission on Intergovernmental Relations 具体来说集体选择机制包括:(1)由指定的一组人提供各类物品和服务;(2)决定提供物品和服务的数量与质量;(3)这些物品和服务由私人生产而被管制的程度;(4)如何安排这些物品和服务的生产;(5)如何对这些物品与服务的供给进行融资;(6)如何对生产这些物品和服务的人进行管理等内容。

下给予一项服务"①。一旦政府决定提供某类公共物品或服务,它必须决定是由自己生产还是由别人生产,如果选择了后者,就有了几种可能性,政府可以与私人单位或公共单位签订协议,让它们来建造或经营;政府也可以批示其他企业来提供服务;政府还可以通过向其他政府单位提供物质利益刺激来鼓励它们进行生产。同时,西方政府治理的理论表明,传统政府治理中的一个误区是忽视公共服务提供和公共服务生产之间的区别,进而错误地认为如果政府放弃了服务生产者的功能,它自然放弃了服务提供者的角色。对于那些属于政府"天职"的公共服务,政府应该是一个安排者,决定什么应该通过集体去做,为谁而做,做到什么程度或者水平,怎样付费等问题。至于服务的生产和提供,完全可以通过合同承包、补助、凭单、特许经营等形式由私营部门或社会机构来完成(Savas, 2000)②。可见明确区分公共产品和公共服务中的安排者、生产者和消费者三个主体是至关重要的。E.S. 萨瓦斯(E.S. Savas)用大量确凿的证据,证明公共部门合同承包是有效率的③。约翰·派秋(John Pacher)则以实证研究的方法研究了亚洲地方政府采取强制性竞争投标制度对地方政府结构和绩效的影响,认为目前全球都在将私营部门管理实践引入公共部门,采取招投标制度能够提高效率,减少运作成本,明确运作目标,更好地回应"顾客"需求以及提高公共产品和服务的质量。

其实,划分基础教育服务的提供者与生产者是义务教育服务市场化生产的核心概念,公共物品市场化的反对者容易忽视公共物品的提供者与生产者之间的区别,进而错误地认为,如果政府放

---

① ACIR (Ronald J Oakerson),1987.The Organization of Local Public Economies Washington. D.C Advisory Commission on Intergovermental Relations.

② Savas E. S., Privatization and Public-Private partnerships. Seven Bridges Press, LLC, 2000.

③ [美]E.S.萨瓦斯(E.S.Savas).民营化与公私部门的伙伴关系[M].中国人民大学出版社,2002:105.

弃了公共物品生产者的功能，它自然就放弃了公共物品提供者的角色,公共物品的市场化似乎有全盘私有化,彻底否定政府之嫌。其实,基础教育服务的市场化供给并不否定政府的作用,政府仍然保留了提供的责任(当市场提供不足时,政府仍然承担着责任)并为此支付成本,只不过不再直接从事教育生产,而是调控教育生产,即从划桨到撑舵。把公共物品的提供者与生产者区别开来,就意味着在公共物品的供给中也有市场力量发挥作用的空间。

美国当代著名经济学家弗里德曼(Milton Friedman)被看作是教育市场理论的重要代表人物。早在1955年他第一次明确提出了"教育券(Education Voucher)"思想,主张公立学校私营化。后来,他分别在1962年出版的《资本主义与自由》和1979年与Rose Friedman合著的《自由选择——个人声明》两部著作中,多次充分阐述了教育券计划和教育市场理论。弗里德曼认为,虽然教育具有正外部效应,但不能把教育办成完全由政府及其教育部门垄断的公立教育,使政府集"资助者"和"提供者"于一身。政府应该资助教育并不一定必须直接提供教育服务,可以将投入教育的钱以"教育券"的方式直接发放给家长,帮助家长实现跨地区、跨学校选择教育。这将给公立学校带来市场的压力和竞争,迫使它以市场和教育消费者(家长和学生)的需求为目标,提高办学效率和办学质量。英国著名经济学家哈耶克(F. A. Hayek)也是主张教育市场理论积极人物,他肯定了弗里德曼的教育凭证思想,认为市场是教育活动的基础和依据,市场自由竞争原则同样适用于教育领域。

自20世纪80年代以来,教育改革的浪潮席卷了全世界,人们常常用不同的话语来描述这一浪潮:教育市场化、教育民营化、教育私营化(Privatization)、教育产业化(Industrialization)、教育商品化、"以市场为基础的教育"(Market-Based Education)……尽管称谓不同,但都表达了一个共同的信念,即把市场机制引入到教育领域①。尽管各国改革的形式有所不同,但在改革的精神上它们基本上是相同的,即把企业家精神导入义务教育的供给与管理中,通过市场的供求机制、竞争机制提高公共教育服务的效率和质量。因此,这就要求在教育财政资金的管理中引入绩效的观念和管理方法,然后从评价和质量管理的角度来更为有效地管理财政资金的使用情况。在这种需求下,诞生于私人领域的企业绩效管理理论逐步被引入了公共部门,继而形成了公共财政绩效管理理论。

第三节　公共财政绩效管理理论

一、绩效管理理论的形成背景与渊源

(一)绩效管理理论形成的背景

绩效管理在 20 世纪 80 年代受到了极大的重视和青睐,这是因为传统的官僚政治体制不注重效果, 不按行动的绩效拨款,而是按一贯的投入拨款,愈发导致了机构臃肿、效率低下、资源严重浪费。与此同时,理论界也出现了新右派体系,它相信市场力量,力主减少政府干预,政府做掌舵者,而不是划桨者②,采用管理私营部门的管理哲学及管理方法,用企业家精神重塑政府,并认为这是改革的捷径。政府绩效管理就是在这种背景下被引入的,它的推广和深入是上述因素的客观要求和必然结果。

1979 年,撒切尔任命雷纳勋爵任其顾问,并推行改革,开展了著名的"雷纳评审"(Rayne Scrutiny Programme)。雷纳评审是"以解决问题为导向"的"经验式调查",调查的起点是"人们已经了解的东西而非不了解的东西"。正是针对相当熟悉并似乎司空见惯

---

① 朱科蓉.竞争——英美教育市场化改革的核心[J].教育科学,2003(2):55

② [美]戴维·奥斯本,彼得·普拉斯特里克.政府改革手册:战略与工具[M].北京:中国人民大学出版社,1996:12

的东西,评审者提出问题和质疑,以便发现存在的问题,从而拟订提高效率的具体方法和措施,并征求建议,在有关方面人员对必要采取的改革措施达成共识的基础上由被评审单位的负责人实施改革的具体措施。1980年,英国环境大臣赫尔在环境事务部率先建立了"部长管理信息系统"(Management Information System for Ministers)。它集目标管理、绩效评估为一体,旨在向部长提供全面的,规范化的信息。1982年,撒切尔政府公布了著名的"财务管理新方案"(Financial Management Initiatives)要求政府的各个部门树立浓厚的"绩效意识"。1983年英国卫生与社会保障部第一次提出了较为系统的绩效评估方案。这一方案包括140个绩效指标,应用于卫生管理部门和卫生和服务系统的绩效评估。这一时期,政府绩效评估侧重点是经济和效率,追求投入产出比的最大化。

进入20世纪90年代,政府关注的焦点逐渐转向了有效性和"顾客满意",质量被提到了重要地位,在西方行政管理实践中,"效率优先"被"质量优先"所取代,所以这一时期的绩效管理侧重点是公共服务的质量和效益。这时绩效管理在西方各国被普遍接受,其过程也更加规范化、系统化,在指标的确立和分析方法的选择上,逐步呈现由定性转向定性与定量相结合,采取科学的数学分析方法等趋势。除了美国和英国外,荷兰、澳大利亚、法国等国家都将绩效管理作为政府改革的一个重要组成部分,以此提高政府效率和服务质量。

(二)绩效管理理论渊源

当代全球范围内的公共支出绩效管理改革,既为公共财政理论的发展提供了广阔的空间,同时也需要不断完善并趋于成熟的公共财政理论给予支持和指导。对于绩效管理的考察,我们不能不审视公共选择理论、委托代理理论及新公共管理理论对绩效管理理论的影响,从某方面说,上述理论恰恰为绩效管理理论提供了重要的理论来源①。

第一,公共选择理论。起源于 20 世纪 30 年代的公共选择理论发现在政府履行职能的领域内,政府管理存在失效的问题。政府的活动并不总像理论所描述的那么"有效",公共决策不可避免地会产生一定的偏差或失误,政府工作机构也常呈现低效率以及政府自身无法摆脱的扩张趋势,这些都充分暴露出政府干预行为的局限。于是,公众自然要求政府通过改进管理来提高行政效率和财政投入的有效性,以达到令公众做出有利于政府继续施政的选择;否则,公众很可能通过"以手投票"、"以足投票"等方式影响甚至威胁政府的决策和施政地位。

作为政府绩效管理理论的主要渊源之一,公共选择理论为政府实施财政支出绩效评估提供了若干原则。效能原则:即把钱用在"刀刃上",将提高公共资金使用的有效性既作为财政支出绩效评估的首要目标,又作为衡量其成果的标准;调控原则:通过对支出的问效,考察资金的使用是否达到这些措施制定时所预计的效果,并通过绩效评估结果的运用,引导资金向政府需要的方向流动;责任原则:促使政府负责任地安排公共投入,以实现公众利益最大化的目的,并通过责任追究为财政投入绩效评估提供后续保障制度;透明原则:通过财政投入绩效评估,确保公众掌握公共资金"取之于民、用之于民"的真实去向。

第二,委托—代理理论。委托代理理论认为,社会公众通过税费委托政府提供公共产品的行为形成了社会公众和政府委托代理关系。由于委托人和受托人在财产经营管理上存在着法律、时间、空间和信息等诸方面的分离性,使得委托人往往不能直接控制受托人的责任履行过程和会计报告质量。由于社会资源具有稀缺性,而社会成员以追求自身效用最大化为目标,这将导致公共

---

① 张少春.政府公共支出绩效考评理论与实践[M].北京:中国财政经济出版社,2005:9-26

财产的过度使用和"搭便车"行为盛行。解决这一问题的有效途径是由政府来承担为公众提供包括制度、秩序、物品和劳务等在内的公共产品的职能,并且借助于一个独立的第三者来实现这种控制,这就直接导致了绩效评价的产生。[1]

在此关系中,一方面,假设公众与公共资金管理者间不存在道德风险,那么他们可结成博弈联盟,从而促成公共资金管理者和用款单位之间的委托代理关系。当财政部门把公共资金划拨给用款单位,其便自然占据了信息上的优势,尽管原则上需要按照预先申报时的资金用途使用资金,但脱离财政有效监控的现实状况下,财政资金极易被不当挪用而与计划严重不符,或者使用效率异常低下。为此,极有必要引入绩效评估,为财政部门及时、准确掌握用款单位资金状况提供条件,以弥补上述运行缺失。另一方面,政府作为公权行使的合法代理人,有责任高效地管理好公共资金等资源,并按照公众意志合理配置和使用。因此说,委托代理经济责任的存在是绩效评价产生和发展的首要前提,而绩效评价的本质目标就是要确保代理经济责任的全面、有效履行,这种委托代理理论构成了财政支出绩效评价的基础理论。

第三,新公共管理理论。20世纪80年代,面对信息时代的到来及一系列社会问题尤其是经济问题(如通货膨胀、政府开支上升、财政危机、福利制度陷入困境等)的突出显现,政府管理理念与角色亟待转换。以顾客、结果和竞争为导向,注重利用市场手段提高政府公共服务效率、效果和质量的新公共管理理论应运而生。从管理学意义上而言,"新公共管理"模式是站在"企业化政府"的高度上,将社会公众与政府的关系,定位为新型的"公共受托责任"关系,它要求把反映公共资源的优化配置和合理利用、考评公共部门的绩效和增加透明度视为受托责任的核心。其中,针对财政支出活动的绩效评价是实现政府"企业

---

[1] 恩施州财政局课题组.财政基础教育支出绩效评价研究,2004

化管理"的关键技术。

绩效管理作为一种管理理念、管理方式和管理方法,既直接推动政府角色的转换和管理观念的更新,又是新公共管理理论框架的重要组成部分之一。绩效管理的引入提高了政府整体受托责任,扩大了评估政府财政状况和行政能力的信息范围,政府管理者将借助财政支出分配和使用的评价信息,来制定合理的政策目标、预算和活动计划,并对具体项目和行为的可行性和合理性做出理性决策,以引导政府资源的合理流动和运行。[①]于是,一方面,在政府内部形成强烈的绩效意识、将提高绩效的努力贯穿于政府管理活动的各个环节,能够敦促政府管理者增强对政府公共项目的责任感、形成服务行政理念,进而加速政府提高决策水平和管理效率。另一方面,掌握着既定财政资源支配权的政府各部门,在绩效评估所提供的技术支持下,能够真正将管理的着眼点由财政投入转移到财政投入后形成的产出,由此为准确评估和全面把握投入结果提供前提。

二、绩效管理目标

(一)坚持"花钱买优质服务"的财政支出观念

花钱买优质服务的财政支出理念要求政府拨款的目的是获得公共服务的实际效果,财政支出要有"顾客至上"(consumerism)的思想,最终要得到公共服务接受者的评价,而不仅仅是"设机构养人"。由于在传统的财政预算拨款中,对于公共服务部门(中国的事业单位)往往是按人员编制针对财政供养人口进行拨款,政府对这些部门的拨款目的是为了养活单位,因此在预算程序上首先是确定人员经费,其次确定与人员相关的公用经费等,至于提供相应的公共服务是否需要该部门这么多人,以及获得财政拨款后做什么则不是财政所要考虑的事情,这种

① 申书海.财政支出效益评价[M].北京:中国财政经济出版社,2002(12):41-43

做法实际上违背了公共支出是购买优质公共服务的初衷。而绩效管理则相反，它要求政府拨款与办事效果联系起来，并以公众是否满意来对公共事业管理结果做出评价，要求政府做到"行政就是服务，公众就是顾客"。绩效管理认为公共管理机构的宗旨是向公众提供公共服务，在相当程度上公共管理机构和公众是生产者和提供者与顾客的关系，公共管理机构的服务必须围绕公众的需求进行，只有当提供的服务满足了作为消费者的公众的需要，只有当公众对服务满意时，公共管理机构的服务才是良好的服务，才实现了公共服务这一特殊"商品"的价值——公共管理机构才真正产生了绩效。英国学者彼德认为，要想保持生产者和消费者之间的平衡，必须从 5 个方面构筑起"顾客至上"的理念，即：贴近产品或服务（access）、自由选择权（choice）、充足的信息（information）、多种补救渠道（redress）以及利益的充分表达（representation）[①]。只有这样，才能保证政府不再凌驾于公众之上，而是由原来的管理者角色变为服务者角色，"倾听顾客的声音——让顾客做出选择"[②]。也只有这样才能从根本上克服过去那种"花钱设机构"的公共支出误区。

（二）推行"结果导向"的预算管理模式

"政府必须对结果负责"、"政府必须用更少的钱办更多的事"这些口号已成为政府绩效管理的目标之一。结果导向就是要求财政支出要求的是结果，即政府花钱买的是结果，而不是过程。传统政府管理比较强调过程，比如，财政拨款制度是针对过程即养多少人、办什么事而设计的；政府的审计制度是针对财政支出的合规性而设计的；公务员制度的"无过错原则"，即公务员没有过错

① [美]戴维·奥斯本,彼得·普拉斯特里克.摒弃官僚体制:政府再造的五项战略[M].北京:中国人民大学出版社,2002:158

② Report of the National Performance Review:"From Red Tape to Results: Creating a Government That Works Better & Costs Less",1993.转引自宋世明.美国行政改革研究[M].北京:国家行政学院出版社,1999:44–46

就不得开除,也是针对过程设计的。因此,只要过程做好了,有无结果则不重要。而绩效管理恰恰相反,它指出,政府花钱的目的是为了获得社会效果。所以,效率是第一位的,在达到目的的前提下,办事过程则是单位的事,从而将目标管理与过程管理相分离。在结果导向的绩效管理中,政府的受托责任成为了关注的焦点。罗姆泽克(Romzek)和达布里克(Dubnick)对责任的定义是:责任是一种关系,在这种关系中个人或机构应对他们被授权的行为的业绩有所答复。负责任的机制是这样一些措施,这些措施决定授权的任务是否被以满意的方式执行。这样的政府在努力展示负责任的过程中,需要对它们的政策官员及服务对象表明:(1)公民从上交的税款中得到了什么样的服务(有时是产品),如公立医院、道路、机场、图书馆、水的供应等等。(2)税款使用的效率和效果如何,如达到某种标准的每英里公路修建费用,从高中或大学每毕业一个学生的成本。(3)这些开支如何使服务对象,或服务对象所关心的人的生活受益,如根除或抑制疾病如脑炎或艾滋病,邻里安全的高度意识,安全和可靠的供水等,业绩评估的优秀报告强调致力于满足市民需要的工作做得如何,是否达到对交纳税款的百姓提供高质量服务所做出的承诺①。因此,结果导向的绩效管理作为公共部门内部改革和完善的机制,体现了放松规制(deregulation)和市场化(marketisation)的改革取向,是以结果为本的控制同时改善了政府与公众关系的一种机制。

(三)实现"与绩效结果挂钩"的财政拨款机制

实际上,绩效评估工作是否有效在一定程度上取决于与绩效结果挂钩财政拨款机制的建立与有效运行。因为从逻辑上讲,绩效管理就是要通过绩效评价来衡量代理人的努力程度和产出效果,并运用有效的激励政策来提高政府财政绩效的水平。这就是

---

① [美]马克·霍哲.公共部门业绩评估与改善[J].张梦中译.中国行政管理,2000(3):36

说,要想使绩效管理有效,就必须建立一套切实有效的制度将绩效评估的结果与财政拨款相结合,按激励相容的原则实行"质优奖励、质差惩罚"的财政拨款奖惩制度,对公共部门提供的服务进行评价,这才能从根本上克服从计划经济时代遗留下来的"大锅饭"式的财政拨款制度所带来的"磨洋工"的逆向选择问题,有利于提高效率。

首先,因为绩效评价是事后评价,只能对公共部门使用财政资金的效果是否达到预期的绩效目标进行衡量。但是,在没有健全的与绩效结果挂钩的激励与约束机制的绩效考评制度下,考评优秀的机会和收益有限,不足以对多数人产生激励;因考评不及格而受到严重处罚的事例也很少,产生不了强烈的制约作用。因此,在公共支出管理有了绩效评价以后,如何有效地激励公共部门提高绩效水平便成为必须首要解决的问题。其次,作为代理人的公职人员,职位相对稳定,只要不犯大错,是轻易不会被逐出公职队伍的;同时,公共部门的决策、政令执行和公务完成大多不是一个人完成的,而是由一个团队共同完成的,即使绩效评价不能达到既定的绩效目标,也难以追究当事人的责任,当事人会以各种外部原因为自己开脱。因此,单靠政府绩效评价还不能解决公共支出管理中效率低下的问题,还必须应用与绩效结果挂钩财政拨款的激励机制。通过设计制度或规则引导代理人按对委托人有利的方式行事,既达到了委托人所要求的目标,也最大化了代理人的期望效用,促使代理人自觉自愿地按照委托人意愿行动,而不是采取机会主义行为,逃避监督或约束。因此,实现"与绩效结果挂钩"的财政拨款机制,可以用来解决政府绩效评价后如何提高绩效水平、达到既定绩效目标这个问题,是绩效评价的延续。可以用图 1.2 表示上述思想。

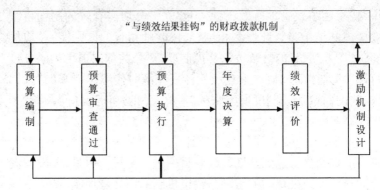

图1.2 "与绩效结果挂钩"的财政拨款机制

三、绩效管理对义务教育财政的启示

第一,在"花钱买服务"的新价值观的指引下,义务教育财政支出绩效管理的核心便从目前"花钱养学校"的拨款指导思想,逐渐过渡到"花钱买服务"的拨款目的,政府办义务教育不再是"养学校"、"养老师",而是为了培养对社会有用的高质量学生,学校与学生的关系不再是管理与被管理的关系,而是学校服务学生,学生有权选择学校,将学校培养的学生的质量作为财政拨款的依据。

第二,通过对学校财政拨款的绩效评估,将可以促使教育行政主管部门和学校由"管理型"向"服务型"转变。通过财政支出的绩效评估,使政府弄清楚自身在义务教育的投入上产出了多少合格学生,这些钱花得是否值得,因此在原有"基数预算拨款方式"的基础上,绩效拨款的尝试既是向纳税人汇报财政在义务教育方面支出效果的需要,也是考核教学质量效果的需要。这是对基数预算拨款方式的一种有益补充。

第三,既然财政支出是要教育结果,那么教育行政部门就可以从传统的"过程管理"转向"结果管理"。通过权力下放的方式,与学校的管理者签订目标责任书，将微观的义务教育办学过程的管理，例如教师的招聘、辞退、绩效工资制、学生的管理等交给学校自身去完成。教育行政主管部门负责对学校的各种信息向社会给以统一的公示，实现教育行政的宏观管理与学校办学微观管理的分离，做到各司其职，各负其责。在这其中，在完善相应配套制度设计的基础上，甚至可以引入市场机制的微观管理方式，通过学生择校所带来的学校之间的竞争来激发学校优质办学的潜力。

第二章 发达国家义务教育财政支出绩效评估实践

◇◆◇◆◇◆◇◆◇◆◇◆◇◆◇◆◇◆◇◆◇

○英国义务教育及其财政支

　出的绩效评估

○美国义务教育及其财政支

　出的绩效评估

○发达国家绩效评估的实践

　总结与经验借鉴

◇◆◇◆◇◆◇◆◇◆◇◆◇◆◇◆◇◆◇◆◇

　　义务教育财政支出绩效评估是西方国家于 20 世纪 80 年代开始推行的一项教育改革措施,是实施义务教育绩效管理的核心环节,目的是通过绩效评估,形成公共支出拨款与教育业绩相配比的机制,借以提高义务教育普及率和义务教育的质量。由于传统的官僚政治体制不注重效果,不按"行动"的绩效拨款,而是按一贯的投入拨款,愈发导致了机构臃肿、效率低下、资源浪费严重。正如戴维·奥斯本所说"政府在公共教育上花的钱越来越多,但是学生考试分数差和退学率几乎没有改观"。有鉴于此,西方国家在政府绩效评估的大背景下,在以前教育评价的基础上也逐步开始公共教育,特别是基础教育投入的绩效评估实践。作为政府公共支出绩效考评的一个分支,西方国家的义务教育财政支出绩效考评及其发展仍然是在公共支出绩效考评制度的框架下进行和发展的,它通过对义务教育服务的数量、质量以及资金使用效率考核建立了一种全新的、面向结果的管理模式来确保教育资源的合理有效的配置,从而最大限度地满足社会公共教育发展的需要。在这个过程中,这种教育评估与财政支出绩效逐步融合的过程,尤以英美两国的实践活动最具有典型性。在这一时期,英美两国将教育改革的注意力逐步聚焦到有利于提高义务教育财政支出绩效的改革部分,教育投入的效益比效率更受到了重视,教育中长期存在的与社会发展特别是与地方需求不相适应的痼疾有效地得到了解决,学生毕业找不到工作或在毕业之后无法为本社区服务的教育浪费现象也趋于减少。

第一节　英国义务教育及其财政支出的绩效评估

一、英国的义务教育管理体制

在英国，义务教育行政采取的是"各国为政"的管理体制。在英国，英格兰、威尔士、苏格兰和北爱尔兰都分别称作一个"国家（country）"，而就每一个"国家"而言，又都是单一的高度中央集权制，实施两级政府管理体制，即中央政府和郡、区一级的地方政府。受此政治体制的影响，英国的教育行政尤其是义务教育行政，在各个"国家"也是实行两级制：中央一级的教育行政机构，在英格兰是教育与就业部；在威尔士，是设在加的夫的威尔士教育办公室；在苏格兰，是苏格兰教育部，在北爱尔兰是北爱尔兰教育部。教育与就业部、苏格兰教育部及北爱尔兰教育部均通过内阁，向国会提出教育法案和发布命令等形式，制定"本国"有关学校和教师等的各种准则，对地方教育当局和私立学校进行一般和个别的指导、监督。代表地方政府的教育行政机构是地方教育当局，每个地方教育当局都设有教育委员会，其工作的具体执行机构是教育局，其主要职责是：对学校系统进行监督、评价和指导；对部分教育经费进行分配与控制。学校每年必须向地方教育当局提交报告，说明在人员的使用、经费的安排、师资在职培训，以及教育水准的维持和提高等方面的情况，从总体上负责协调本地区教育的管理，促进教育质量的提高。

就教育经费的来源和拨付而言，英国的地方教育经费主要来源于中央的转移支付及少量的地方税。英国用于义务教育的财政拨款一部分拨给中央一级的教育行政机构，如教育与就业部，并由其支配使用，一部分通过直接拨款（只占一小部分）和税收资助拨款①等形式拨给地方当局，再由地方当局从中拨出一部分连同地方税收及其他来源的经费一起作为地方教育经费②。

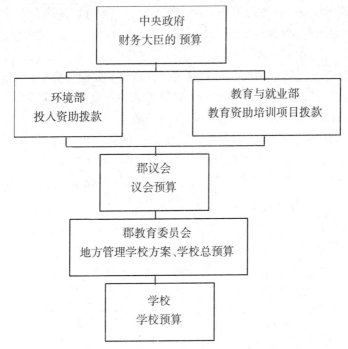

图 2.1　英格兰地方教育当局所属学校的教育经费划拨程序

---

① 税收资助款(Rate Support Grant,简称 RSG),是英国于 1967~1968 年度正式采用的一种主要拨款方式。这种拨款由三部分组成:需求要素拨款,即根据人口、地理或其他客观因素对经费给予分配,一般在 70% 以上 ;资源要素拨款,即帮助那些比较贫穷的地方当局,使税源相差较大的各地方当局在税收负担上达到平衡,一般在 24% 左右;地方要素拨款,即通过对地方税的补助以减轻纳税人的负担,一般在 5% 上下。而在需求要素拨款中,以追加拨款方式出现的教育经费,仅次于以人口计算的基本拨款,占到 36% 左右,后者一般在 50% 强。

② 在这里环境大臣负责公共开支在各地方政府之间的分配事宜。他通过一系列的公式测算各种标准费用(SSA),以确定各地方政府在其特定的人口、社会经济和地理条件下,提供标准服务所需要的经费额度,从而将公共经费分配到各地方议会。

就教育经费预算而言,分中央和地方两级进行。对教育经费预算的分析、预算编制和执行,构成了地方教育当局经费预算和管理的主体。地方教育当局的预算由地方财政部门的内部审计处进行经常性审计和重点审计,做出的审计结论,直接上报财政局局长。在中央一级,教育与技能部的预算中包括有一定的用于义务教育的经费。中央一级的财政预算监督主要由议会、财政部和审计署担任。审计署独立于行政部门,代表议会对政府进行监督,向议会报告工作。议会掌握预算的控制监督权,国家预算案经内阁同意后,由财政大臣向下议院做年度预算报告,下议院通过辩论审查预算案的新增部分和变动部分,制定各项概算决议和拨款法案。预算案只有经过下议院讨论,多数议员投票通过后才能成立,同时一经成立就成为法律,必须严格执行。

议会法案 政府规章 政府指南	规定地方当局的权利与责任 家长的权利与责任 指南作为法案和规章的一种补充
地方议会 按照长期有效的规则通过 委员会授权的官员由选举 的代表管理具体事务	议会通过长期有效的委托协议及其他 有关的附则,将教育拨款与人员经费的 年度预算授权给委员会和官员
教育机构 学校(委托给校长) 学校委员会 社区中心	管理权下放学校的教育经费方案 顾问委员会和"透明性" 社区与非学校教育

图 2.2 苏格兰地方当局的教育财政管理过程中的决策程序[①]

① 资料来源:苏格兰教育办公室 1997 年:Financial Management of Education in Scottish Local Authorities,How Decisions are Made.

二、英国义务教育质量评估

英国是世界上最早建立市场经济体制的国家,也是最早推行义务教育制度的国家之一。为关注义务教育的发展,英国很早就建立了教育督导制度来评估义务教育阶段的教育发展情况。英国的教育督导制度,是随着普及初等义务教育的需要而产生,并随着政府对教育事业宏观指导和监督的需要而发展的。18世纪后期,英国开始了工业革命,人口急剧增长,大工业城市相继出现,因而使得普及初等教育更为迫切。但是,直到19世纪初,英国的小学仍然主要依靠宗教团体举办,不能适应工业革命对普及初等教育的需要。为此,从1833年起,议会开始拨款补助教育事业,从此标志着政府开始向参与并管理教育事业方面发展。然而,经过几年的实践,暴露出两个十分明显的问题:一是政府的教育拨款没能有效地用于国家发展教育的需要;二是拨款的使用缺乏国家的有效监督和控制。为了解决这两个问题,密枢院教育局第一任局长提出"应该任命学校督学","对政府资助的学校都要首先进行检查、访问"。尽管这一提议在当时遭到许多阻力,政府还是在1839年首次任命了两名皇家督学,从此开创了英国教育管理上的一项崭新制度。

为加大教育质量评估的力度,英国于1992年成立了独立于教育与技能部的教育标准办公室(Ofsted),它是一个非行政(non-ministerial)政府部门。根据《1992教育(学校)法》(the Education(Schools)Act 1992),教育标准办公室管理着学校督导系统,对英格兰的24 000所完全或部分公立的学校进行日常督导。督导的目标是通过独立的督导来提高教育质量和标准,对义务教育的督导是其中的重要组成部分。教育标准办公室的首脑是皇家首席督学(Her Majesty's Chief Inspector of School,HMCI),成员称为皇家督学(Her Majesty's inspector of School,HMI)。为了尽快开展工作,教育标准局随即发布了《学校督导框架》(以下简称框架)作为全国学校督导工作的依据。随同《框架》颁布的还有《幼儿教育与初等教育督导指南》、《特殊学校督导指南》等各种手册，用来为各阶段督导提供详细指导。另外，向家长、社区介绍督导制度的传单、手册也纷纷出现，如《学校督导：理解新制度》(1993)、《OFSTED督导：问题解答》(1993)、《理解学校行动计划》(1993)、《评价学校效率》(1994)等。

2001年9月出版了白皮书《成功学校》，表明政府政策的关键原则是通过各种途径和方法确保教育质量的普遍提高，具体来说主要包括以下几个方面：确保对所有的孩子的教育高水准，使他们获得未来适应工作的能力和知识，并帮助他们在更广泛的经济和社会领域取得成功做准备；赋予成功学校超越与创新的自由；通过特色学校等措施鼓励所有学校创建独特校风作为特色；促进学校与学校、工业、继续教育和高等教育之间的伙伴关系；开发符合每个学生需要的课程，提供更好的职业与学术学习机会；对处理最低标准和失败进行干涉。同时，国家对学校自主权和自主性也越来越重视。以英格兰为例，1996年6月，政府颁布《学校的自我管理》白皮书，提出要通过各种方式扩大学校处理内部事务的权利。以上情况表明：改善学校教育质量和学生学业成就是英国政府努力的目标。新的督导评价体系已开始关注每所学校的成功，为学校层面成功创造各种有利条件，使下层评价成为达到这一目标的重要因素。

同时，在课程监督和考试上面，1988年的《教育改革法案》以法令条文的形式，规定从1989年起全国所有公立中小学实行统一课程，而且同时对7岁、11岁、14岁和16岁这四个义务教育"关键阶段"的学生进行全国统一的考试与评价。教学大纲和学历管理委员会(Qualifications and Curriculum Authority, QCA)监督统一课程的全面实施。课程统一主要是针对英国中小学教育，特别是义务教育阶段学校课程管理的无序状况而采取的一个重大措施。到了 20 世纪 80 年代,在美国呼唤"国家处于危机之中,教育改革势在必行"的同时,英国政府和社会各界也意识到中小学的教育质量的下降和办学效率的低下已到了不堪容忍的地步。首相撒切尔夫人强调政府要有抓火警、抓地震那样的紧迫感来抓教育改革,认识到"教育改革的成败,决定国家的兴衰"。此后,以实行私有化和市场化政策为主要特征的撒切尔主义被引进教育领域,减少教育经费的浪费,提高教育的竞争意识和经济效益成为改革的主旋律。自 1988 年起,政府相继颁布了《1988年教育改革法》等一系列立法或政府文件,决定对包括中小学在内的教育制度进行第二次世界大战结束以来最为全面的改革,以建立起面向 21 世纪的新的教育体制。《1988 年教育改革法》是英国 1944 年以来最重要的一次教育改革法案,贯彻优胜劣汰的竞争原理,制订国家教育课程标准,规定全国共同的核心课程。新的国家课程主要由学科(3 门核心学科和 7 门基础学科)、成绩目标、教学大纲和评定方案四部分组成,其特色主要是非常关注改革教育评估制度,设定 10 个水平的具体"成绩目标"。1995 年,开始实施《提高中小学水平计划》;1996 年,英国政府颁布基础教育白皮书《学会竞争——14~19 岁青少年的教育和培训》;1999 年,实施"国家基础学力战略",规定到 2002 年 80%的11 岁儿童英文水平达标,75%的儿童计算能力达标。布莱尔上台后,为把英国建设成为一个繁荣的国家,首先视教育为实现目标的重点。工党政府实施的教育政策依然延续了之前优胜劣汰的原则,也鼓励学校之间竞争、公布学校排名、表彰教学水平高的学校、对落后学校进行曝光、将不合格的学校关闭。进入新世纪后,连任首相的布莱尔继续把提高教育效率作为政府工作的重点。自 2001 年在小学 6 年级引进 AS 登记考试以来,中小学生几乎每学年都要过一次大考关;在整个中小学期间,据说最聪明的孩子也要经历 105 次考试。由此可见,在课程设置和考试方面采取统一的要求或标准,已成为英国进行义务教育质量评估的重要方式,这对提高义务教育质量起到了积极作用。

三、义务教育绩效"问责"制与财政拨款调整

为实现新公共管理中的结果导向和财政绩效管理理念,在中央政府一级,英国的财政部与教育部和就业部通过签订绩效合同(公共服务协议)的方式,通过目标管理的方式来实现教育绩效与财政拨款的有机结合。以 1998 年教育和就业部与政府签订了为期三年的"公共服务协议"为例,此协议内容主要分为四大部分:即确定部门战略目标和具体目标;分配给部门预算资金;制订绩效任务;以及如何提高部门生产率。其工作步骤为:

(一)确定总目标(Aim)

该部门的总目标(Aim)是:通过教育、培训和就业给每一人充分实现其潜能的机会,建立一个包容、公平的社会和充满竞争力的经济。

(二)确定具体目标(Objective)

具体目标分为三个:目标 1(Objective I):确保所有年满 16 岁的青年具有一定的技能,为他们在一个快速变革的时代,奠定一个可终身学习和工作的可靠基础;目标 2(Objective II):促进个人终生学习,以加强他们的生存能力,提高就业能力,培养工作技能,从而满足经济发展和雇主对劳动力的需求;目标 3(Objective III):帮助没有工作的人重新获得工作。为实现上述目标,教育和就业部将致力于以下工作:将权利和义务联系起来,鼓励人民在享受权利的同时承担相应的责任;与其他政府部门、机构和公共组织合作,制定和实施有效政策;学习借鉴其他国家,尤其是欧洲伙伴国的经验,并与之合作;开发相关技术;塑造一个开放、创新和不断学习的氛围,使所有的部门员工都能充分发挥其潜能,工作高效,使资源取得最好效果。

（三）确定部门预算资金

为实现上述目标，部门需要获得一定的预算资金。教育和就业部的预算资金在"总支出评估"中确定，一般规定为期三年的年度支出限额。下表为教育和就业部各个财政年度的预算资金。

表2.1 教育和就业部3个财年的部门年度开支限额（DEL）单位:（百万英镑）

	1999～2000年	2000～2001年	2001～2002年
总额	15543	17403	18738
其中:经常预算	13769	14898	15726
资本预算	1121	1593	1942
财务交易收入	653	912	1070

资料来源:1998年"总支出评估",http://www.hm-trasury.gov.uk

（四）确定绩效任务

除规定可计量的绩效任务外，还要阐明这些绩效任务如何有助于各项目标（Objective）的实现。教育和就业部为完成目标1而制订了7个绩效任务，为完成目标2制订了1个绩效任务，为完成目标3制订了3个绩效任务。下面以目标1为例，选取部分绩效任务加以说明。

表2.2 教育和就业部绩效任务

目标1

	部门承诺
绩效任务	(i)增加3岁儿童托儿所的覆盖率，到2002年托儿所的覆盖率从34%提高到66%，重点关注最贫困地区。（目标1）
	(ii)提高11岁左右儿童达到识字标准的比率（在第二阶段考试中达到4级水平），到2002年，这一比例从63%提高到80%。（目标1）
	(iii)提高11岁左右儿童达到算术标准的比率（在第二阶段考试中达到4级水平），到2002年，这一比例从62%提高到75%。（目标1）

（五）提高部门生产率

这部分内容主要是：规定了部门具体的效率指标；部门在提高生产率方面将采取的措施；政府如何提供更优质的服务；采取何种措施发展电子政府、降低职员因病误工率；如何减少事故发生、如何完善政府采购，如何加强部门资产管理以提高生产率。（1）公共服务协议规定教育和就业部需完成的效率任务和服务提供任务是：1999～2000年度，继续教育和高等教育的单位成本节省1%，此后预算年度，单位成本将进一步降低；青年就业培训项目的单位成本节省2%；就业服务项目通过提高效率平均节省运行费用的4%；教育和就业部在限定的运营费用内，完成上述绩效任务。（2）更优质的服务。按"优质服务手册"的倡导，部门在几年前已实施商业计划的协议，从部、处、科及个人层面对所有的活动和服务进行定期和系统审查。本部将用5年时间完善这些协议，重点是如何改进部门活动和服务以更好地实现货币价值。（3）电子政府。教育和就业部已有约35%的部门文件和绿皮书、白皮书及E-mail地址已在互联网上公布，到2002年预计90%的上述内容通过互联网公布。60%的咨询、调查通过电子网络进行处理；本部门正在尝试，对学校的管理活动通过电子或类似方式进行；继续进行已在广泛使用的电子数据收集工作。（4）降低因病误工率。教育和就业部正采取措施降低部门职工的因病误工率。部门已采取行动提高一线管理人员对该事件的重视。

在地方之前所建立的教育督导团虽然可以对学校进行视察和督导，但却没有办法对学校做出评判，更不可能通过学校间的比较来说出哪所学校更好，哪些学校更差。在这种情况下，英国提出"问责"（to be Accountable）一说。学校既然消费了公共资金，那么就应该向社会说明资金使用的效益和人才培养的质量。在上述思想的影响下，根据教育标准办公室对学校督导评价的结果，在财政拨款上逐步把学校分为两类，一类是督导结果合格的学校，这类学校需要按照一定程序将督导报告提供给学生家长,并制订行动计划来贯彻督学的指导意见。另一类是督导结果不合格的学校,根据所发现问题的严重程度,这类学校也可以分为两种,其一为存在严重缺陷(Serious Weaknesses)的学校,另一为特殊措施(Special Measures)学校。存在严重缺陷的学校将在督导结束后受到皇家督学的严格监督,以评价其是否按照行动计划取得相应的进步,同时视情况决定是否更换校长。如果问题仍然没有得到解决,皇家督学可以决定这些学校进入特殊措施。特殊措施学校需要制订一份详细的行动计划,行动计划附有改进工作的时间表。地方教育当局也被要求采取相应行动以帮助这些学校。在其后两年,特殊措施学校会受到皇家督学的监督和重新督导评价。如果学校达到了其行动方案中的改进目标,就会解除特殊措施,否则该学校将会被教育大臣命令关闭。这样,由于建立了有效的激励机制,校长有很强的办学责任感。同时,所有学校的督导报告都是在互联网上公开的,家长可以随时了解到学校的督导评价结果,有利于家长对学校的社会监督。

以教育标准办公室和审计署 2003 年对格林尼治 LEA 的督导报告为例,在督导报告中,详细说明了督导的法律依据,所采取的督导框架,督导的目的。报告就学校进步发展战略、对学校进步的支持、特殊教育需求、促进社会参与、政府事务五个部分分别对格林尼治 LEA 进行了评价,评价时还将本次督导的结果与上一次督导的结果进行比较,以说明有关工作的进展。评价工作非常细致,例如,对学校进步的支持这部分又进一步从对学校进步支持的有效性、对学校的监督和质询、对信息技术的支持等 14 个方面详细评价,不足之处都提出了具体的改进建议。最后得出该 LEA 的综合绩效评估结果,如表 2.3 所示。

表2.3　格林尼治 LEA 综合绩效评估结果

所评估方面	当前绩效	进步指数	持续进步能力
学校进步	2.92	2.80	2.20
特殊教育需求（SEN）	3.00	3.00	4.00
社会参与	3.40	2.33	3.00
终身学习	4.00	－	2.00
战略管理	2.17	－	3.00
平均得分	3.06	2.67	2.69
类型	2 星①	可证实	可保证

同时，为推动财政拨款与教育质量的有机挂钩，提高学校的绩效，英国教育部创立了"公立自治学校"（Grant—Maintained School），通过"拨款委员会"将教学经费直接拨付给学校；一切教学经费由学校校长支配，各级政府无权干涉学校正常教学活动；使学校在基建、招聘教师、教材选编等方面都充分享受办学自主权，依靠自身有利条件，创办具有自我特色的学校，以扩大"生源"。作为 1988 年教育改革法实施的直接结果之一，越来越多的公立学校陆续选择脱离地方教育当局的控制而直接接受教育大臣从中央下拨的办学经费独立办学，成为"中央直接拨款学校（the Crant Maintained Schools）"。

第二节　美国义务教育及其财政支出的绩效评估

一、美国义务教育及其管理体制

美国是一个典型的分权制国家，根据美国宪法第十修正案，教育是美国各州的保留权力。教育管理的核心问题之一就是公立教育的财政问题。从美国的政治体制看，尽管联邦政府没有直接

---

① 说明：平均得分小于等于 2.37 为 3 星，大于 2.37 小于等于 2.79 为 2 星(+)，大于 2.79 小于等于 3.34 为 2 星(–)，大于 3.34 小于等于 3.75 为 1 星，大于 3.75 为 – 星。

管理教育的权力,但美国联邦政府各职能部门、国会及其各专门委员会,以及对政府决策具有重要作用的在野党等三个方面共同构成了现实的联邦政府对教育的普遍关心和支持(包括财政资助)。而与联邦政府相比,州政府对教育的管理具有直接和具体的职责和权力,州政府、地方政府对教育政策的制定、经费的投入负有直接而重要的责任。州政府确定建校的标准,并规定学校领导和教师的资格,认可学校课程大纲以及进行学校鉴定等。同时州政府还提供各类教育办学经费和各种资助,从 1920 年以来,州政府提供的教育经费从占全国总教育经费的 16.5%增长到 1995 年的 45.6%。美国绝大部分的州、地方所承担的中小学经费都来源于地方财产税。因此,社区提供中小学经费的能力取决于地方所拥有的财产总值。美国地方学校管委会是公立学校的决策机构,管委会成员有权新办学校、推选地方学区教育主管、制定规章制度以保证学校正常运转,以及筹措和分配教育经费等。

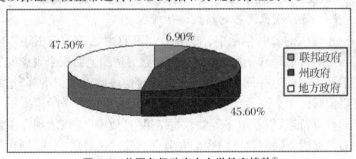

图 2.3　美国各级政府中小学教育拨款[①]

在预算管理方面,美国许多地区实行以学校为基础的管理体制,预算是以学校为单位进行编制的。教师、家长和校长有权决定经费分配,包括教师聘用、师资培训、学校设施修建和维护等各个方面。按学校编制预算是基于这样的假设,即决策权应放在实际从事该项工作的层面, 这样有利于学校管理者提高工作责任心,

①　资料来源:美国教育署,1995 年。

把学校办得更好。实践证明,以学校为基础的预算法有利于经费使用的社会公众监控,有利于学校提高教学质量及有效控制成本。近年来,随着财政的银根紧缩政策的推行,如何在经费相对不足的条件下提高经费的使用效率,已成为美国教育决策者关心和重视的问题,义务教育财政支出绩效评估的理念与作用越来越广泛地应用到义务教育实践中。在此影响下,美国近年来出现了不少探讨提高经费产出效率的改革实践,主要体现在:教育预算绩效化拨款的尝试、权力下放后的以校为本的微观绩效管理以及通过教育券制度注重教育财政支出的实际效果等。同时由于美国义务教育的规模庞大,分权的财政体制使各州的义务教育财政绩效评估异彩纷呈,因此导致了美国义务教育财政支出绩效评估的多元化特征。

二、美国义务教育财政支出绩效评估制度的建立与改善

(一)逐渐树立起来的绩效评估理念

在美国的公共生活中,平等、效率和自由已成为植根于人们内心中的价值理念。而教育则是全社会为达到上面三个观念的主要工具。因此这些理念体现在公共教育财政政策中,"平等"意味着要使每一个人平等地获得教育机会,政府要向每个学生提供平等的教育待遇,以获得平等的教育结果。"效率"应该体现在以最少的教育服务换取教育顾客最大满意的教育效果。"自由"则在于能够使人从不同的事务中进行选择,主要意味着在鼓励人们个性发展的同时,防止教育权力过分集中。与以上的价值理念相一致,第二次世界大战以后,在历史传统和现实发展的相互作用下,美国农村以学区投资为主、过于分散的义务教育财政体制发生了很大变化,其趋势是联邦政府和州政府加大了对地方学区财政拨款的力度。1979年以后,这一趋势进一步发展,州政府对学区基础教育的财政支持开始超过每一学区征收的财产税,成为农村义务教

育的最大财源。为了实现这一系列的教育计划,美国政府在慷慨解囊的同时,也理所当然地想知道结果如何。实际上,在美国的公共教育管理中,教育是生产力的理念早已深深嵌入政策制定者的价值观念之中。因此,虽然美国没有统一的教育规划,但由于教育经费的比例很大,教育财政评估的理念与实践也就自然成为各个州的政治和经济生活中重要的组成部分。

(二)美国义务教育绩效运动的沿革

20世纪90年代,美国义务教育绩效(accountability)运动开始逐步兴起,它主要朝三个方向发展,一是教育标准的提高,二是评价教育过程以促使教育人员更能负起责任,三是重视教育结果的考核。首先,教育标准的提高。从1983年报告中建议提高学生学习标准开始,各州就开始进行学生能力标准的提升,最显著的改变是教学科目的数量以及要求学生选修更多的高深课程,升级以及毕业标准的提高、教学内容的加强等。其中,以提高高中毕业标准最为常见,几年内就有超过40个州提高了高中毕业标准。1994年,《2000年目标:美国教育法》颁布,此法案分两个层次,一个是全国性的目标,一个是州与地方政府的目标,两层目标都强调不同于以往的高学习标准。注重教育绩效的大趋势促使了绝大部分的州政府开始规定提高高中毕业生的毕业标准,或是规定特定科目的修业年限,或是规定最低教学时数,授权学区自行设计教学方案。

其次,评价教育过程以促使教育人员更能负起责任。近年来各州政府都尝试去发展更深入的测量新技术,以评价各种教育新标准政策的效果,各州也同时注意到应该使测验更加具有挑战性。这些测验的背后,代表的是州政府希望民众相信政府有执行绩效考核制度的决心,如果学校表现不佳,就会被评为学校信用破产,甚至要求学校被接管或是重组。一项努力是将各州的评价系统与规定标准用语加以标准化,例如辍学、阅读能力预备程度

65

等,各州共同参与,在全国实施。

最后,是对义务教育结果的考核。20 世纪 90 年代以后,美国政府更加强调教育结果。各州政府对教育政策更加重视:(1)看重学生的实际表现。(2)以学校作为教育改革的单位。教育界开始注意到教育财政资料汇集方式的问题,过去的资料都是由学区填写相关报表,呈送给州政府汇总,20 世纪 90 年代以前的教育相关研究都是以学区为单位,20 世纪 90 年代以后因为教育发展趋向对学校分权,而以学区作为分析单位不足以呈现个别学校教育的特色,因此开始以学校作为分析单位。(3)强调改进策略的持续性。(4)重视教学活动的实际调查核实。(5)使绩效考核结果多元化,如密西西比州的学校考核结果分为五等。(6)重视对社会大众的报告,更多的州政府(47 个州)将学校表现结果的资料向社会大众公布。(7)加入赏罚条款于考核之中,对符合或超越表现标准的绩优学校给予奖赏,可以发给奖金,对于学生成绩表现太差的学校,有的是削减州政府补助款,有的是由州政府接管或进行重组。

三、美国义务教育财政支出绩效评估的主要特点

(一)明确的优质教育发展战略

1983 年美国教育部长任命的"美国高质量教育委员会"发表《国家处于危机之中,教育改革势在必行》的报告,该报告指出:联邦政府应当明确国家在教育方面的利益中负有的主要责任,并提供资金努力保护和促进这一利益。美国政府忧虑目前基础教育质量低下很难培养出优越制胜的国家,促进美国国民产生危机感,从而支持政府拿出更多的经费来发展教育事业。随后,声称要做美国教育总统的美国前总统老布什在 1991 年 4 月 18 日发表的《美国 2000 年教育战略》中强调教育革新的重要性,其根本目的就是实现美国教育优异的目标。为实现其目标,美国破天荒地召开了由 49 位州长出席的教育首脑会议(Education Summit),在会

议上布什总统指出设定全国性教育达成目标的时机已经到了,并一起商讨了衡量学生学业成绩的全国性测试标准[①]。随着教育质量考核的深入,在 1999 年召开的第三届"全美教育最高首脑会议"上,专业的教育工作者以提高教育标准为主题,重点提出中小学教育改革新计划,旨在把既定的教育目标和课程标准落实到中小学课堂教学实践,加强绩效责任制[②](Accountability System)和促进学校选择及多样化。克林顿总统应邀在开幕式上致辞,讨论的话题都与提高教育质量有关。诸如希望让更多的学生达到既定标准;建立教师工资竞争机制等。这是美国教育改革的重点之一,其基本特征就是学校要对学生的学业成绩负责,包括学习成绩、辍学率和到校率等,联邦政府通过立法和经费补助的方式要求各州和学区对学生进步负起责任。

为推动上述教育战略的实施,布什总统上任后向国会提交了一份立法动议,其核心内容是要求国会拨款 240 亿美元,用于加强中小学教育的投入和管理,并规定只有学生考试成绩达到合格标准,学校才能得到联邦政府的额外拨款;如果连续三年学校学生考试成绩不合格,校长和教师就要引咎辞职。同时,联邦政府把钱有效地投放在为基础研究的项目和实践上,经费主要以改善学校和提高教师质量为目标,规定所有在缩小成绩差距和提高学生成绩方面的州将得到奖励,并承诺任何州在本计划实施两年内达到责任制要求(包括建立 3 ~ 8 年级年度评估制度,从 2004 ~ 2005 学年开始,全国所有 3 ~ 8 年级学生每年必须接受各州政府的阅读和数学统考),都将获得一次性奖励;所有在提高处境不利学生成绩方面取得巨大进步的成功学校,将获得承认并授予"不让一个儿童落后"奖金。但是如果某州未能达到业绩目标以及未能展示学业成绩的成果,教育部长将有权减少该州从联邦政府得到的

① 日本时事通信社《内外教育》,1990 年 1 月 5 日,第 12 页;1 月 16 日,第 8 页。
② 加强绩效责任制是美国政府关于公立学校教育经费投资的一种举措,根据学生的学习成绩来决定学校经费的分配数额以及教师工资。

行政开支经费。最终,2001 年 12 月,美国国会通过了中小学教育改革法案,旨在建立公立学校教学质量和联邦政府拨款数量相结合的机制。随后,这种公立学校教学质量和联邦政府拨款数量相结合的机制在《美国国家教育部战略目标(2002～2007 年)》中得以进一步强化,从表 2.4 中的各个战略指标来看,我们可以清晰地看出教育部门对教育投入绩效的重视。

表 2.4　美国国家教育部战略目标(2002～2007 年)

战略目标 1: 创建一种成就文化	战略目标 2: 提高学生学业成绩	战略目标 3: 发展安全学校和学生的坚强品格
通过有效地实施布什总统的"不让一个孩子落伍"计划和将所有联邦教育项目置于此计划所确立的原则(责任、灵活性、更多的父母选择权、只做有效的事)之上,在全国教育体系中创建一种业绩文化。	通过将阅读置于优先地位、扩展高质量的数学和科学教育,进行高中改革和提高教师和校长的质量,改善所有群体学生的学业成绩,从而缩小学业成绩的差距。	建立利于发展良好品格和公民能力的安全的、秩序井然的、无毒品的教育环境。
具体目标	具体目标	具体目标
1.1 使联邦的教育拨款与对教育结果的问责相联系;1.2 增加变通性和地方控制权;1.3 为家长提供更多的信息和选择权;1.4 鼓励在联邦课程计划中运用基于科学的方法	2.1 保证所有学生在三年级之前都能达到本级水平的阅读能力;2.2 提高所有学生的数学和科学成绩;2.3 提高所有高中学生的成绩;2.4 提高教师和校长的质量。	3.1 确保我国的学校安全、无毒品,学生远离酒精、烟草和其他麻醉品;3.2 提升我国青年人的坚定品格和公民精神
战略目标 4:将教育转化成有科学支持的领域	战略目标 5: 提高中学后教育和成人教育的质量,拓宽两者的途径	战略目标 6: 创建卓越的管理

续表

提高教育研究的质量。	增加学生接受高等教育和成人教育的机会并提高保障制度的有效性。	在教育部创造一种问责文化。
具体目标	具体目标	具体目标
4.1 提高教育部资助或实施的研究的质量;4.2 增强我们研究的关联性,以满足我们顾客的种种需求	5.1 缩小学生人群中不同族/民族、社会经济地位及残障者之间的大学入学及毕业方面的鸿沟;5.2 加强对中学后(教育)机构的问责;5.3 为中学后教育建立有效的拨款机制;5.4 加强传统的黑人学院、大学,加强拉美裔人的服务机构和部落宗族学院、大学;5.5 增强美国成年人的文化水平和就业技能	6.1 发展并维持财政方面的整合性、管理及内部的控制;6.2 改善教育部人力资本的战略管理;6.3 管理信息资源、运用 e- 政府管理手段,以改进对我们顾客和伙伴(机构、团体)的服务;6.4 实现学生财政资助项目的现代化,减少这些项目的高风险状况;6.5 形成结果与绩效的整合,以使拨款决策与结果相联系;6.6 着力于社区为本和诚信为本的组织建设,以提升教育部项目的效能;6.7 通过变成一个高绩效、聚焦于顾客的组织,而赢取总统质量奖

资料来源:《国际教育政策发展报告 2004》,天津人民出版社,第 1 ~ 50 页。

(二)绩效管理的立法保障

为使联邦政府部门对支出结果负责、使政府部门自觉关注支出成果和公共服务质量,逐步解决政府财政支出活动中存在的资金浪费和低效率问题,改善政府运作效率,提高政府服务质量,不断满足公共需求的增长, 美国 1993 年出台的 GPRA 法案明确地规定美国绩效评估的实施过程,这为教育财政支出的评估提供了很好的范本。首先是由各部门编制战略规划、年度绩效计划并根据执行情况编制年度绩效报告,政府预算管理部门和国会对部门提交的年度绩效计划和年度绩效报告等进行评价。由于是在公共支出绩效评价的实践基础上发展起来的,因此,财政教育支出绩

效评价也遵循公共支出绩效评价的操作流程,见下图:

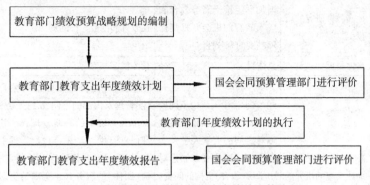

图 2.4　美国模式下财政教育支出绩效评估流程

在这里,GPRA 法案规定了联邦政府各部门必须定期出具的三种政府文件,即部门战略规划、部门年度绩效计划和部门年度绩效报告,并对三个文件的编制提出了具体要求,第一,对于战略规划(strategic plan),GPRA 规定的教育支出战略规划主要包括:(1)教育部门的主要职能和综合使命;(2)教育部门的总目标;(3)完成预定目标所需资源;(4)教育支出战略规划的总目标与年度绩效计划的绩效目标的联系;(5)对总的教育支出目标实现有重大影响的关键外部因素;(6)对总的教育支出目标完成情况进行绩效考评的工作计划。并说明制订或修改总目标的计划项目评价方法,以及将来进行计划项目评价的日程安排。教育部门应在提交初步战略规划的 3 年内提交更新修订的战略规划,以后也应定期(2 年或 3 年内)提交修订的战略规划。可以在 3 年修订期之前,对战略规划进行微调,包括总目标、用于取得目标的手段和策略、重要的外部因素或计划评价进度表等。

第二,年度绩效计划(Annual Performance Plan)。对于教育部门而言,教育支出年度计划与预算有着紧密的关系。年度计划的绩效目标或指标必须含有每个计划的活动和资助(拨款)进度表。

绩效目标或指标可包括多个计划活动,计划活动也可有多个绩效目标。年度计划应该直接与部门预算相关,设定绩效目标特别是不同层次的绩效目标(目标层次)应根据预期完成目标所需要的资金而定。初步计划中反映的资金水平(数量)应该与预算主管部门对该部门的预算要求相一致(预算的一上一下阶段),最终计划需经预算主管部门反馈后修改,再提交给预算主管部门和监督审议部门——国会。经监督部评议通过后,还可以进行适当的修改和补充。

第三,年度绩效报告(Annual Performance Report)。根据 GPRA 的规定:在一个财政年度结束后,教育部门要编制年度绩效报告,其基本内容包括:实际绩效与确定的绩效目标之间的比较;绩效目标没有达到时的解释说明;为未完成目标和进度的计划项目安排时间表,或是对于被认为不合实际或不可行的未完成目标的行动提出建议;对本财政年度的教育绩效计划评价;提供前几年的实际绩效信息。年度绩效报告必须在每年的年底之前由教育部门的领导准备,并向有关部门提交本部门的年度计划项目绩效报告。每个计划项目绩效报告应列示年度绩效计划中的绩效指标以及本财年实际获得的指标,并进行两者的对比。就是这样细致的绩效法案为美国政府义务教育财政支出绩效评估工作的顺利开展提供了明确的立法保障。

(三)多样化的评估模式

在美国,州评估是最直接的政府评估。评估的内容通常包括财政的稳定性、管理能力、院校发展的可持续性,以及一般的消费者保护等。根据被评估的对象,评估可以分为主要针对私立学校的州许可证评估(Review for State Licensure)和对公立学校的绩效评估(State Accountaility Review)。其中对公立学校的绩效评估备受关注,其原因在于评估的目的是要通过对于资源的使用效率和效果的衡量,以取得不像以前那么容易得到的教育经费。其目的在于确立政府及公众对教育公平的责任,提高教育经费效率。各州根据自身的实际,制定的评估策略和模式都各不相同。

在 GPRA 法案的指引下,在州政府层面,美国各州都为义务教育财政支出的绩效评估积极地建立宏观的评估体系,这就是所谓的"基于表现的绩效制度"(Performance-based Accountability)或"基于标准的绩效制度"(Standard-based Accountability),以便形成确保教育质量得以维持和不断提高的有效机制。在具体实施过程中,根据各州的情况,大致形成了三种类型,即公众报告(Public Reporting)制、州级绩效制(State-defined Accountability Systems)和地方绩效制(Locally-defined Accountability Systems)。

公众报告制是最为常见的绩效制类型之一。所有各州都提供或要求下属学区向社会公布本州和本学区公立学校、学区和州的年度教育报告,其中包括各所学校学生的成绩情况,以便为社会公众了解。社会公众可以要求质量差的学校采取措施改进办学质量,家长可以以此作为子女选择学校的参考和依据。同时,采取州级绩效制(State-defined Accountability Systems)这一模式的州有 33 个。其主要做法是根据州一级的成绩来对学校和学区进行评估,这其中有三种情况:20 个州依据标准参照测验的结果;6 个州依据参照常模测验;尽管这些州同时进行两种测验,但在进行绩效评估时只根据参照常模测验的结果;其他的 7 个州采取的是二者相结合的办法,分别根据两种测验的结果作为绩效评估的依据。如在肯塔基州和路易斯安那州,参照常模测验占 40% ~ 50%的比例。此外,33 个州中有 19 个州已经或打算根据考试成绩以外的指标作为绩效评估指标,这些指标分为:入学率(15 个州)、辍学率(12 个州)、毕业率(6 个州)、校园安全(2 个州)、休学率(2 个州)等。这些州在对学校和所在学区进行绩效评估时,对这些指标的做法不尽相同。有的州作为评估指标体系的一个部分,在总评估指标里占一定比例。有的州作为单独的指标,与测验成绩并列。还有的州则作为次要指标看待。采取地方绩效制这一模式的州较少,主要做法是由学区来为学区内的学校订立绩效标准。

此外,各州在评估指标的选择上也存在多元化状况。已经和即将实施绩效评估的 33 个州采用了大致三种不同的评估指标。第一种是以绝对指标(Absolute Target)衡量学校的办学情况。采用这类做法的有 14 个州。例如,佛罗里达州将绝对指标分为 6 个等级,最高为 A 等,最低为 F 等,根据一所学校学生在阅读、数学、写作等考试中的通过率和成绩来分等。在职 1999～2000 学年度得克萨斯州不仅规定了具体指标,而且还在辍学率等非认知领域做了硬性规定。第二种是以相对发展(Relative Gap)指标来衡量。例如,一所学校本年度与上一年度有关指标的对比,通常可能还包括与州目标的对比情况。采用这种做法的有马里兰等五个州。第三种做法是看一所学校是否缩小了成绩差距,即降低了最低分数段人数百分比。但没有一个州单纯依赖这一方法。实际上是有 8 个州将第一种方法和第二种方法相结合。有 6 个州是以第三种方法作为补充手段。

第三节　发达国家绩效评估的实践
总结与经验借鉴

一、发达国家绩效评估的实践总结

（一）注重绩效评估工作的法律环境建设

在英美两国的义务教育绩效评估中,法律作为公共政策的强制性工具,在政策实施中发挥着强有力的规范作用。义务教育财政对于稀缺的教育财政资源的配置中,政府官员的"经济人"的价值观以及政策执行中的众多不确定因素,都会导致政策方向的偏离,因此完备的法律手段是提高教育财政支出评估准确性的必要条件。美、英两国的教育财政预算执行及其评估中都充分体现和证明了这一点。

例如,1870 年,英国通过"初等教育法",正式开始实施义务教育。教育科学部设督导处——督导机构设立。1894 年,中央地方设立教育委员会——教育领导机构,中央下设咨询委员会,地方下设爱校委员会,咨询、建议学校各项事务——近代教育督导机构。1902 年,英国出台"教育法",结束了英国长期没有公立中等教育的历史。1904 年,教育与科学部设立督导司、地方(郡、市)教育局设立视导处,英国政府任命首任中等教育主任督学,至此全英督导机构正式确立。1944 年,"巴格勒教育法"的出台明确了皇家督学开展教育督导工作的内容、程序和要求,从此成为督导制度的法律基础。随后,1996 年,英国政府又在《1992 年教育法》、《1993 年教育法》的基础上制定了《学校督导法案》,以国家法令形式对学校督导做出详细规定。1992年,苏格兰皇家督学处颁布了第一套办学质量指标作为办学指标,作为督导评价依据;1996 年皇家督学处又发布权威性报告《1992 ~ 1995 年苏格兰学校的标准与质量》,回答了国家层面的问题,即"苏格兰教育质量如何"。教育标准局颁布了《充分利用督导:学校和校董指南》(1996)、《学校评估事项》(1998),苏格兰皇家督学处颁布了《我们学校的质量如何?——使用质量指标进行自我评价》(1998)、《提高标准——设立目标:中学支持文件包》(1998)和《提高标准——设立目标:小学支持文件包》(1998)等。

出于以国家代议制政府部门(国会)的权力制约政府预算的考虑,美国《宪法》也对该国财政运行的基本原则、权限划分做出了明确的规定。在预算立宪的原则下,美国国会不仅对政府预算周期、预算程序做出法定安排,而且对预算周期各个阶段的主要活动(预算的编制、审议、执行、监督等)都通过相应的法律加以规定,从而形成了独特的美国式预算管理制度。特别是在20世纪最后几十年里,国会为了确保政府预算绩效的持续改善,相继颁布了诸如《1974年国会预算暨扣押法案》《1985年平衡预算和紧急赤字控制法》《1990年国会预算执行法案》《1993年政府预算及成果法》等相关法案。这些法案的实施已经成为美国联邦政府行政部门预算与财政支出管理的重要依据。随后,20世纪90年代美国民间对政府绩效的评估活动逐渐发展起来,迫于联邦财政赤字和债务压力以及全球竞争的巨大压力,为增强美国人民对联邦政府能力的信心、改进政府决策与内部管理,推行"再造政府"计划,克林顿政府出台了政府改革的纲领性文件《从重视过程到重视结果:创造一个花钱少、工作好的政府》,副总统戈尔领导成立了"美国绩效评估委员会"(National Performance Review,NPR),并在1993年由美国第103届国会通过了《政府绩效与结果法案》(Government Performance Results Act),最终以立法的形式明确了预算绩效评估的改革与制度,并要求行政预算"提供所有的预算信息以备国会制定政策和支出决策所用",规定政府部门有义务定期、及时向民众披露自己的预算执行情况和预算活动的绩效状况。

(二)绩效评估主体逐步实现多元化

同时,绩效评估最初引入到政府部门时,主要是作为上级部门评审、控制下级部门的工具。当时主要采用自上而下的单向反馈评估方式,评估主体主要是政府部门和专门机构。随着顾客导向、质量为本等管理理念的兴起,绩效评估也由以政府为中心的测评转变为以服务对象为中心的评估。在美国,社会中介组织在教育活动中发挥沟通、研究、咨询、公证、监督、行业自律和评估的作用。美国的义务教育中介机构成员主要由专家、社会成员、办学人员组成。评估是社会中介组织工作中很重要的一个方面,美国有很多协会和评估组织,对各级各类学校的质量进行评估,除新英格兰、西部、西北部、南部、中部和中北部较有影响的六大地区的评估组织外,全国还有 70 多个全国性的教育和专业协会等中介组织。这些组织制定学校的课程标准,确定如何评价学校课程的手段。各种评估组织通过评价和不断的检查,定期公布达到标准的学校。联邦政府和州政府依靠这些评估机构和评估结果,确定给哪些学校资助和投资。由于这些社会的评估对学校的声誉、财政收入、学生生源都有直接的影响,因此受到社会和学校的普遍重视。因此,社会中介组织作为独立于政府的社团法人,在一定程度上也承担了对学校的监督职能,从而对义务教育质量的提高起到了不可忽视的重要作用。

在英国,义务教育的评估也越来越看重社会评估力量的介入,中小学(不论公立私立)都有校董会,学校人事编制、经费使用等校务均在校董会领导下由校长负责。近年来,校董会扩大吸收学生、家长、企业界人士及热心教育事业的社会代表参加,使校董会容纳了社会各方人士的意见,对于评估学校运行起到了重要作用。校董会能成功发挥作用的关键因素有两点:一是掌握了校长的任免权,二是校董会的成员都是学校的利益相关者。利益相关保证了评估者有实施评估的动力,而掌握了校长的任免权又使得评估权不至于流于形式。在对私立学校的质量评价上,私立学校联合会也发挥了重要作用。私立学校联合会是私立学校统一组织,不是官方机构,其成员包括:女子学校联合会、校长会议、预备学校联合会、私立学校协会、私立学校校长协会。要获得私立学校联合会的认证,学校必须证明本校已经达到了联合会对于学术、辅导、财政,以及行政管理等方面所制订的严格标准。但是也有一些出类拔萃的私立学校由于多种原因尚未加入联合会。这样,有别于教育行政机关的行政管理,私立学校联合会作为社会中介组织进行的认证同样可以保证会员学校的质量可以通过评估和严格的审查。

(三)财政拨款与绩效评估结果有机结合

通过对公共教育财政政策的有效评估实现绩效拨款是各个国家格外重视并着力付诸实践的重要途径。依据教育财政理论教育财政政策中的拨款方式可以分为协商拨款、投入拨款和产出拨款三类。毋庸置疑,实施产出拨款是保证财政资源效率最大化的最佳方式。例如,在义务教育财政的拨款方式上,美国在拨款方式中引入了绩效指标,如肯塔基州的绩效拨款指标包括5个方面25项指标。通过指标的介入,使绩效因素参与评估过程。同时美国为提高义务教育绩效进行了"教育券"(education vouchers)制度的尝试,意在鼓励公立学校提高教育质量以及惩罚失败的学校。此制度规定教育券发放的多少是根据学校评定的登记而定的,评定标准主要包括学校的学生测验成绩、到校率、毕业率等等,也就是说,发给学生一定金额的教育券,让他们自由选择自己希望去的学校(如私立学校、教会学校)。这些用于教育券的经费原本是拨给公立学校的教育经费,而转交给学生的目的就在于激励公立学校留住学生,这样学校才有动力为获得更多的教育经费而努力提高教育质量。1990年,美国威斯康星州密尔沃基市开始实施教育券制度,这是美国第一次对私立学校实行资助的教育券计划。1995年,美国俄亥俄州的立法机构通过了克利夫兰市教育券项目,从1996年起,该市正式推行教育券。它的特征是:(1)只有非教派学校才能接受教育券,多给予的作为学生学费的补助,1994~1995学年为3209美元;(2)学校不可以在选择学生时有性别、宗教和学业成绩的区别;(3)私立学校中这类择校的比例不超过学生总数的49%(但1994~1995年学生择校达65%)。有关资料表明,最早实施教育券制度的米尔沃基市公立学校最初只有1%(约1000人)的学生享受了教育券制度的所有好处,但到了1994~1995

年却达到了择校人数的 15%(约 15000 人)。[1]美国1994～1995年米尔沃基市教育券的正式实施对非洲裔美国人产生了巨大的影响。教育券的实施对家庭经济状况不良的学生来说,确实带来了实实在在的好处, 保证了他们作为公民享受择校的权利。1999 年,佛罗里达州议会批准了美国第一个全州性的教育券实施计划。如果一所学校被评为 A 等级,校方可以得到每个学生每年 100 美元的教育券作为奖励,倘若一所学校在 4 年内有 2 年被评为不合格,那么该校学生可以领到约 4000 美元的教育券,作为自由选择其他学校的学费。目前美国已有 1 个州和 2 个市正式明确实施了公款资助的教育券计划, 大约有 10个州的私人或私立机构资助教育券。[2]

并且,在财政支出绩效的微观管理上,近年来美国各地纷纷建立了校本绩效制,地方教育行政当局在给予学校更多的办学自主权的同时,更加强调学校要为学生的学习负责,因此突出了学校层面的评估,要求学校对办学绩效负责。目前,有 16 个州明确提出了学校(而非学区)对办学负责。例如,马里兰州有被称为“马里兰学校表现计划”(MSSP)的校本绩效制,它包括学生参与学习成绩指标、学校年度表现报告、学校改进计划,以及奖惩等内容。对于办学质量高的学校,各州采取了有效的激励机制,包括物质的和非物质的两个方面。例如,根据佛罗里达州 1999 年颁布的立法,每所评估合格的学校(包括达到 A 级,等级逐年提高或虽不合格却质量有明显提高的学校)将获得额外财政补助。新泽西州每年划出 1000 万元用于奖励先进学校。具体做法是对 90%以上学生成绩 达标的学校予以奖励,其余的学校根据学生测验的及格率被分为 5 个档次,分别对学校予以奖励。非物质的奖励措施包括由州推广办学经验等措施。对于达不到标准的学校来说,采取的

---

① 王伟芳.美国的学券制述评[J].开放教育研究,2002(1)
② 沈有禄.教育券制度评析[J].教育与经济,2004(1)

主要措施有以下几种:(1)改进。这包括举行公众听证会,让社会公众了解学校的办学情况,发动所在社区的支持;撰写或检查学校改进或行动方案,找出缺点,提出改进策略和措施;予以各种技术层面的支持;州政府官员现场检查,提出改进计划,确定改进时间表。(2)干预。如果学校在规定的期限内无法改进,州教育当局可对学校的办学加以干预,具体包括:1)列入州发布的警告名单。如阿拉巴马州的警告分为三个等级。阿肯色州将不合格学校分且在4年时间内无法改进地分为4个等级。2)现场检查,加大技术支持力度。3)暂时终止或取消州认可合格地位。4)在学区或学校范围内进行教学人员和行政人员的调整和安排。5)允许学生转学。目前,至少有6个州允许学生这样做。6)州对学校进行接管或重组。在科罗拉多州,如果差校在2年内未能改善,将取消公立学校地位,经由协商后转为私立学校。如果最终还是无法改进,那么学校将关门倒闭。相对于学校而言,绩效评估对学区的影响要小一些。目前,真正要求学区对于本区内学校负责的只有俄亥俄等4个州,而且其中3个州将改为校本绩效制,但有13个州采取了学区和学校双重负责的做法。

在苏格兰,拨款与教育质量、效益挂钩,也已成为其基础教育经费拨付的新尝试。20世纪90年代以来,苏格兰的基础财政体制改革通过强化政府对基础教育的管理和宏观协调来调整政府与学校的关系,通过加强教育的计划、财务、教育质量等环节的管理,以保证学校实现政府既定的教育目标。1991年通过的《苏格兰家长宪章》,提出在苏格兰办公室下设的皇家督学团内部设立专门的审计部门,对学校的教学质量、学生学习成绩、师生关系及教师与学生家长的关系、课程质量、人员、财务和资源的管理等进行评估,将资金使用、资源配置与教育质量相联系来考虑问题。1995年修订后的家长宪章,再次强调了审计部门的职能,进一步强化教育的标准、质量和经费的使用效益(Value of money)。苏格兰教育部十分重视公共教育资源的使用效率,在总结了自己长期经验教训的基础上,发展了经费使用效率与学校发展规划相结合的管理体制,追求教育体制的系统效率。在具体的计划过程中,苏格兰尤其注重在下述几个方面保证教育计划与经费使用效率的结合。(1)首先保证教育的目标和优先发展地位的恰当性;(2)在保证所要达到目标方面教育的组织管理体系必须有效;(3)能以最有效的方式实现教育目标,这就意味着同样的教育资源(人、财、物等资源)可以干更多的事;(4)从计划阶段起便考虑各类成本是否最低且合理;(5)资源的规划与使用必须同时考虑教育的质量。

因此,从义务教育绩效的角度看,英国学校所建立督导评价改革和财政资金绩效问责制度的主要成效在于形成了学校质量保障与预算绩效调整体系,为义务教育质量的持久性提高创造了条件。这一质量保障体系主要由以下要素构成:(1)外部督导:由教育标准办公室统一实施。(2)学校自我评价:以学校发展计划和国家办学质量标准为基础和依据,由学校校长和受过培训的教职工代表进行的评价学校各方面发展情况的活动。(3)绩效合同:由财政部门与教育部门签订教育绩效目标和制定预算控制数。财政部门不再对控制数内的预算资金的使用情况进行干预,而是从结果的角度来衡量财政资金的使用是否达到预期的合同目标,并按照最终的结果进行预算问责和调整下一年度的预算控制数。(4)信息平台与社会监控:充分利用社会力量,调动社会参与积极性。

二、发达国家绩效评估的经验借鉴

从以上发达国家义务教育财政支出绩效管理实践来看,无论是财政支出的绩效评估、通过教育券制度进行择校改革,还是通过市场化运作实行校本管理,其核心思想是要转变过去那种仅通过增加义务教育公共支出的数量而发展公立教育的财政供给方式,而采取提升财政资金使用效率,在原有财政资金预算总量的基础上,优化财政资金使用最终效果的改革方式,这种效率型财政支出绩效优化模式,将对中国目前的通过单纯的提高义务教育财政资金投入绝对值的义务教育政府资助模式是一种巨大启示。

如果把中国农村义务教育财政供给的历史梳理一下的话,我们就会发现从新中国成立到现在,义务教育财政支出体制与中国的政治、经济、财政体制密切相关,它总是随着这些体制的改变而不断变化,大致可分为四个阶段:"大一统"的农村义务教育财政供给阶段(1949~1978年)、"村办、镇管、县助"办学体制形成阶段(1979~1994年)、财权上移与义务教育经费不足阶段(1994~2001年)和"以县为主"办学、专款专户管理阶段(2002年至今)。

"大一统"的农村义务教育财政供给阶段克服了新中国成立初期的无政府状态,国家提出了"两条腿"走路的方针,大力提倡群众办学,发展民办教育,并把基础教育的部分财政筹资责任下放到公社或生产大队,对集中有限财力保证国家教育的发展,有效地组织全国各级各类学校有计划地培养各级各类建设人才曾起到了重要的作用。"村办、镇管、县助"办学体制形成阶段以"三级办学、两级管理"、"以乡镇为主"的农村义务教育管理体制在改革开放初期,中央财政投入比重较低而地方财政相对丰裕的财政格局下,对于促进地方政府加大教育投入,推动义务教育的发展,起到了一定的积极作用,调动了地方政府和人民群众办学的积极性,改变了当时农村义务教育落后的面貌,对"两基"目标的实现发挥了积极的促进作用,实现了"穷国办大教育"。财权上移与义务教育经费不足阶段,由于1994年分税制改革使农村义务教育发展面临严峻挑战。在分税制改革后,各级政府间财力格局变了,然而农村义务教育的投入体制并没有做出相应的调整,进一步加剧了农村基础教育经费紧张的矛盾。据国务院发展研究中心的调查,中国的义务教育经费78%由乡镇负担,9%左右由县财政负担,省里负担11%,中央财政负担不足2%,考虑到县级财政收入的一部分仍来自乡镇财政的上缴,实际上,最终由农民负担的义务教育投资占到农村义务教育总投资的 80% ~ 90%[①]。"以县为主"办学、专款专户管理阶段实现了对上述政策的两个重大修正,一是把农村义务教育的责任从主要由农民负担转到主要由政府负担,实现"人民办教育"到"政府办教育"的转变;二是把政府对农村义务教育的责任从以乡镇为主转到以县为主,提升义务教育管理的统筹层次。这在一定程度上保证了农村义务教育经费的投入,缓解了部分困难县乡的财政压力。

梳理完以上的改革路径我们可以发现,经过了反反复复的政策调整,义务教育的资金投入大致实现了由人民办学逐步到政府办学的转化,实现了政府财政资金对义务教育资金的供给,使得义务教育的资金投入有了保障。但这样的改革路径实际上都是在增加农村地区义务教育财政资金投入量的框架下增加财政资金的总盘子。虽然这种做法在一定程度上实现了"穷国办教育"的执政目标,但是这毕竟不是一种可持续的问题解决之路,目前甚至出现了"教育财政投入越多,教育财政缺口越大"的恶性循环的趋势。因此,为避免上述问题所导致的一系列弊端,我们必须借鉴和引进先进的义务教育财政支出绩效评估方面的成熟理论和具体实践,不断通过优化中国义务教育财政支出的绩效管理来提升资金的使用效率。尤其是发达国家对义务教育财政支出绩效评估理论研究较早,形成了比较成熟的理论体系,而且经过了大量的实践提供了大量可资借鉴的经验。而中国正处于由计划经济体制向市场经济体制转轨的进程之中,市场经济发育还不成熟,法制还不完善,政府在义务教育财政政策的驾驭上缺乏足够的经验积累。同时,如同在其他许多领域的研究一样,在义务教育财政支出绩效评估的研究中,对于国际先进经验的借鉴必须要注重其"本土化"过程中的现实可行性,一旦处理不好借鉴的方式和步骤,难

---

① 陈锡文.中国县乡财政与农民增收研究[M].太原:山西经济出版社,2003

免会重演"南橘北枳"的制度性缺失。在吸收先进经验的同时,必须从中国实际出发,不能盲目追捧和效仿。应该清醒地看到中国正处于向市场经济转轨进程之中,无论在经济运行方式、经济运行效率、义务教育的投入以及教育的市场化运营等诸多方面都与西方发达国家成熟完善的市场经济迥然不同。所以,我们必须基于中国现实的思维视角,紧密结合本国的国情,有选择地借鉴和吸收,以有的放矢地指导中国的义务教育财政支出绩效评估的评估实践,使其不断成熟和完善。针对上述问题,本书在第五章政策建议中重点就如何借鉴西方国家义务教育实践中提升义务教育财政使用效率的先进经验以及如何实现国外经验的本土化实施路径提供一些可资借鉴的建议。

第三章 绩效评估模式选择与指标体系设计

○中国义务教育财政支出绩
效评估模式选择
○中国义务教育财政支出绩
效评估指标体系设计

　　义务教育财政支出绩效评估指标具有反映地方政府义务教育财政支出总量、监测地方财政支出过程、预测和计划地方义务教育事业发展、评估地方义务教育绩效等功能。选择绩效评估的模式和设计绩效评估指标体系,是义务教育财政支出绩效评估的一个难点和焦点。

　　本章在目前国内外现有相关绩效评估模式的基础上,选择适合地方义务教育财政支出绩效评估的模式,并通过阐述绩效评估指标体系的构建原则和经过几轮的实证筛选,分析了义务教育财政支出绩效评估指标体系的基本内容和总体框架,并对评价指标标准、定性指标的量化等问题进行研究。

第一节 中国义务教育财政支出
绩效评估模式选择

对义务教育财政支出绩效评估制度的研究首先是建立在相对较为成熟的西方政府绩效评估的研究体系之上，因此整个研究的逻辑框架必然秉承政府绩效评估的研究脉络，并在此基础上结合教育的特殊属性发展出自己的理论框架、评估模式和具体的评估指标与评估标准，在实践中逐步建立了一套义务教育财政支出绩效评估体系，这是一个由一般到特殊的过程。因此，对义务教育支出的绩效评估模式的研究，应首先弄清楚政府绩效评估的模式。

一、政府绩效评估的模式

在政府绩效评估与管理的演进过程中，政府绩效评估与管理的理念与模式也在发生着相应的变化。如果以美国著名绩效评估专家英格拉姆（Patricia W. Ingraham）教授提出"管理黑箱"理论为分界线的话，那么大致可以分为不涉及"政府管理黑箱"的"黑盒评估"模式和关注"政府管理黑箱"的"白盒评估"模式两种[①]。其中在"黑盒评估"阶段，又可以分为效率导向型和结果导向型两种具体形式，最为典型的就是英美两国在"新公共管理"运动中所推行的绩效评估改革，其改革思路就是从效率导向型评估逐步转为结果导向型评估。而在"白盒评估"阶段，随着绩效管理工具的不断创新，政府绩效的"白盒评估"呈现出"百花齐放、百家争鸣"的局面，

[①] 这里的黑盒和白盒的概念是借用软件测试中的术语。黑盒测试是在测试时把待测的软件系统看成是一个整体，而无须关注其内部的各功能模块以及各接口之间的关系，而仅把已准备好的数据输入该系统，然后观察输出结果，来判断整个软件系统的功能。而白盒测试恰好相反，是在测试时首先要把整个系统进行解构，不仅要关注整个系统的输入、输出结果，还要关注数据处理的整个过程。在这里借用这个概念来区分政府绩效评估前后两个阶段的主要区别。

在这一阶段对政府管理黑箱的解构和政府治理内部过程评估要素的创新成为最主要的变革方向,而最有代表性的当属"平衡记分卡"和"公共部门通用评估框架"两种具体形式。

(一)政府绩效评估的"黑盒模式"

1.效率导向型政府绩效评估与管理

在"管理黑箱"理论提出之前,由于受立法与行政相分离的政治形态的影响,政府内部的管理行为往往由"行政官僚制"的行政体制来独立管理,议会对于行政部门的绩效评估往往有意地忽略政府内部的管理过程,而把政府管理看成一个统一的整体来进行考量,从经济意义上对政府提供公共产品和服务的成本和收益进行评估,从而仅仅关注政府输入与政府产出之间的关系,因此,这时的评估重心主要放在政府活动的投入与产出上。

(输入)　　　　　　　　　　　　　　　　　　　(输出)

图3.1　效率导向型政府绩效评估

在具体的标准选择上,效率导向型评估主要有四种选择:(1)投入—产出标准。这里的产出是指工作量,投入是指资金或工作时数。(2)产出的有效性标准。该方法的假设是政府活动的"真正产品"比"直接产出"更重要。例如,政府花钱修一条路,然后再花钱把路重新破开,按照投入—产出的标准应该是花了两笔钱,而按照有效性标准则是无效的,因为两笔资金使用后的效果是零。(3)设备和雇员的使用率,通常被表述为"实际使用的资源量/可使用的资源量"。一般来说,政府设备的闲置时间越长或政府雇员工作时间的闲置越多,资源的使用效率就越低。(4)生产力指数。生产力和效率是同一层次的概念,可以用产出和投入来区分。效率是指单位产出的成本即效率=投入/产出,生产力是指单位的产出量即生产力＝产出／投入。

在实践上,效率导向型的绩效评估以英国的雷纳评审最为典型。1979年撒切尔夫人一上台就任命雷纳爵士为她的效率顾问,并在首相办公室设立了一个效率小组(Rayner Efficiency Unit)。效率小组的主要任务是,在首相效率顾问的领导下,对中央政府各部门的运作情况进行全面的调查、研究、审视和评价活动,拟定提高部门组织经济和行政效率水平的具体方案和措施,负责行政改革的调研和推行工作。这就是著名的旨在提高公共组织经济和效率水平的"雷纳评审",这一评审活动持续了十多年。雷纳评审是以"解决问题为导向"的"经验式调查",它最初的重点是经济和效率,追求所谓"资金的价值"(value for money)——即通过效率的提高,在保持既定服务质量的前提下,大幅度减少政府部门的行政开支和运营成本。

2.结果导向型政府绩效评估与管理

20世纪70年代,由于受到新公共行政的影响,政府绩效评估的理念逐步发生了变化,结果导向、顾客导向、企业家精神,以及市场竞争等新型绩效管理理念的导入,使得政府绩效的模式逐步从效率导向型转为结果导向型。结果导向型评估是以政府提供公共产品或服务的质量、效果、公平性和公众满意度等为重心所进行的评估。英国学者哈特瑞在《评估城市政府基本服务的有效性:最初的报告》一书中提出了结果评估的三个标准即有效性、效率和工作量,其中有效性主要包括五个评估指标:(1)公共服务之预期目标的实现程度;(2)非预期的、负面影响的出现;(3)所提供公共服务的质量与社区需要、期望和付费意愿的吻合程度;(4)回应公民需求的态度和行动;(5)公众对公共服务的满意度。在哈特瑞看来,效率和工作量只是结果评估的一个要素。

结果导向的评估在美国实施得最为典型。20世纪90年代以后,随着新公共管理和政府再造运动在美国的兴起,结果导向型评估得以强化,主要体现在两个方面:一是政府绩效评估作为一种技术工具,体现出明显的管理主义倾向,是一种以结果为本位的管理控制机制;二是政府绩效评估以服务质量和顾客满意为首要评估标准,体现了服务和顾客至上的管理理念。美国联邦责任总署的调查结果显示,截至2003年,联邦管理者使用效果标准、质量标准和顾客服务标准等结果评估标准的比率已经明显高出产出标准和效率。

表3.1 美国政府绩效评估的标准选择

年　份 绩效标准		1997	2000	2003
结果标准	效果	32%	44%	55%
	质量	31%	39%	46%
	顾客服务	32%	39%	47%
效率标准	产出	38%	50%	54%
	投入／产出之比	26%	35%	43%

资料来源:张强,韩莹莹.美国政府绩效评估的基本途径.中国行政管理,2005(12).

(二)政府绩效评估的"白盒模式"

随着新公共管理运动的不断深入,由于政府管理体制的僵化和管理效率的低下,越来越多的学者开始对传统的政府黑箱式管理过程感到不满,在这其中,新公共行政学一反以往过于重视效率的价值观,在传统公共行政学的目标中加入了"问责"与"透明",围绕着"分权"、"参与"、"沟通"等的若干问题展开讨论。针对传统公共行政制度过于重视官僚制度,以及把政策的制定与执行割裂开来等问题,政府绩效评估开始对传统评估模式下政府管理"暗箱操作"进行关注,并明确地提出了要对政府施政的全过程进行研究,即从问题构建到方案制定,从执行到评估全面展开讨论,并提出要改善政府施政系统、提高服务质量的政策建议。20世纪

70 年代美国有许多管理学院将研究范围由企业内部管理扩展到外部的(政府)社会管理,从企业的角度来研究政府绩效,把企业管理的技术与方法运用到公共部门用以打开政府黑箱,随后产生了被人们称为"企业管理型"的公共管理模式。其中,美国著名绩效评估专家英格拉姆(Patricia W. Ingraham)教授正式提出了"管理黑箱"理论,使新的政府绩效评估模式呈现更为公开、更为科学和更有责任意识的新特征,使得原本近乎"完全黑箱"的政府治理过程变得可接近、透明化、公开化和易于监控。下图清楚地显示了对政府管理黑箱的多维解构。后来,在此理论的指引下,关注政府管理过程的绩效评估方法不断推陈出新,其中尤以平衡计分法和通用评估框架的应用和影响最为深远。

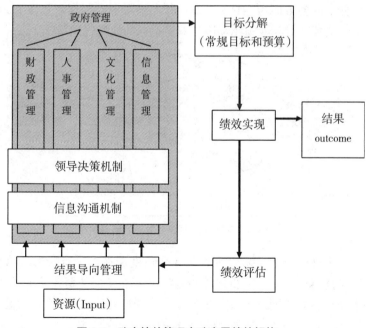

图 3.2 政府绩效管理中政府黑箱的解构

89

1."关注四要素"的平衡记分法(BSC)

平衡记分卡(The Balanced Scorecard,BSC),是一种新颖的战略管理工具。最初应用于企业,是把企业的使命和战略转化为一套全方位的运作目标和绩效指标,作为执行战略和监控的工具,同时也是一种管理方法和有效的沟通工具。由美国哈佛商学院罗伯特·S.卡普兰(Robert S. Kaplan)和复兴全球战略集团总裁大卫·P.诺顿(David P.Norton)于1992年发明。平衡计分卡的核心思想就是通过财务、客户、内部流程、学习与成长4个方面指标之间相互驱动的因果关系,展现组织的战略轨迹,实现战略实施、战略修正的目标。平衡计分卡中每一项指标都是一系列因果关系中的一环,通过它们把相关部门的目标同组织的战略联系在一起。平衡计分卡的各方面指标具有业绩结果与业绩驱动因素双重含义,是包含业绩结果与业绩驱动因素双重指标的战略管理系统。

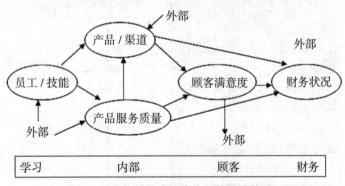

图3.3 平衡计分卡四个方面的因果关系

平衡计分卡要求管理者从4个角度选择数量有限的战略目标,将注意力集中到战略愿景上来。政府在使用平衡计分卡时,由于相对企业的利润最大化目标而言,政府还具有公共服务和社会责任等社会属性,因此,政府绩效的平衡计分卡管理将可以从政府绩效、公众评价、财政支出流程整合和指标评价与改进四个方面入手。在政府绩效管理的战略规划、实施、评价以及变革的过程中实现管理因素和战略资源的相互协调，以保证整个绩效预算战略管理系统的稳定与平衡。其中，社会经济发展对公共服务需求的日益升级成为政府管理创新的原动力，提升政府绩效、转变政府职能是从外部结果导向出发的战略选择，客观指标体系的建立为政府的公共服务是否满足公众需求提供了评价依据，内部过程的流程再造与完善将通过绩效管理得以实现。

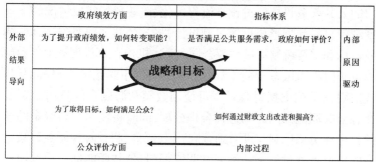

图3.4　基于平衡记分卡的政府绩效评估与管理

在这一分析框架下，政府绩效评估与管理可以理解为以政府的战略目标为中心，按一个顺时针的逻辑顺序进行演进。首先，政府必须明确自身的战略目标与政府职能。政府绩效恰恰反映了政府管理的结果，即政府在管理运行过程中的表现和最终的结果，政府管理得好，国家和社会就能够认可政府的执政，管理得差就会招致不满，政府就需要改变现状，赢得全社会的认可。政府绩效是人们对政府绩效的关注，实际上是对政府职能的任务分解，就是关注政府需要"干什么"、"怎么干"以及"如何干得好"。尽管政府绩效这个概念表达的内涵丰富，简而言之，绩效导向的本质就是结果导向。构建现代的服务型政府，结果导向是必然的选择。政府管理的结果不只体现为效率，还体现为办事的效果等等，无论是效率还是效果，归根到底都是政府管理运行的表现和结果，其实施目的主要是降低政府成本,提升政府绩效,推动社会发展绩效。针对公众服务评价,满足公众的公共服务需求,增加公众对政府的满意度,提升政府公信力,从战略上进行资源配置和利用,提升社会发展绩效。其次,为实现上述战略目标,政府应通过提供相应的公共服务把政府战略分解为具体的执行目标,通过公共资金使用绩效评价提高公共服务质量,建立职能部门的公共服务目标,实行标杆管理、高效管理的项目运作模式。再次,针对职能部门的公共服务目标通过预算流程优化、绩效目标完成情况和下年度绩效目标计划形成反馈机制设计,将各公共部门要求达到的绩效目标和奖惩机制写进绩效合同。立法机构在执行预算编制和预算审查时将财政资金使用数额和奖惩合同下达给政府财政部门。政府财政部门根据财政资金可使用数额和激励合同把财政资金在各公共职能部门之间进行合理分配,同时将使用公共资金的绩效目标和奖惩机制写进激励合同。财政部门将预算控制数和激励合同经审查通过后下达给公共职能部门,公共职能部门根据当初的预算安排和激励合同合理地使用公共资金,以最大化自身的期望效用。然后,通过构建客观的预算资金使用绩效评价体系,利用信息化手段实现业务流程整合,实现绩效信息的高效收集和绩效信息数据库的动态更新和不断完善。最后,通过绩效管理者的学习和自我提升,通过政府绩效管理专业资格认证机制,构建先进的政府绩效评估职业认证制度,不断完善政府绩效的管理水平。

2."涉及九要素"的公共部门通用评估框架(CAF)

通用评估框架(CAF)是由公共服务创新小组(IPSG)联合开发的。后者是一个由各成员国主管公共行政事务的司长联合倡议设立的、由各国专家组成的非正式工作小组,旨在促进欧盟成员国之间在政府现代化和提供公共服务创新方面开展交流和合作。1998年和1999年,在欧洲质量管理基金会、德国施佩耶学院和欧洲公共行政学院的专家共同进行的分析基础上,CAF的基本框架被开发出来。事实上,通用评估框架的主要目的在于提供一种比较简单、免费、易用的框架,它适用于欧洲公共组织进行自我评估,便于其交流最佳实践并实施标杆管理等活动。整个框架构成了一个组织的蓝图,体现了一个组织为取得令人满意的结果而实施恰当的管理所必须具备的各种要素。所有这些要素被归纳为九项标准,其中五项为"促成要素",另四项为"结果要素"。"促成要素"包含了一个组织的内部工作流程。"结果要素"包括组织所取得的成效,涵盖了经典的目标模型,是对产出和结果的绩效测量。"结果要素"是由"促成要素"造成的,而源于"结果"的反馈信息有助于改进"促成要素"。这九项标准又被进一步细化为可操作的二级具体标准。如下图所示。

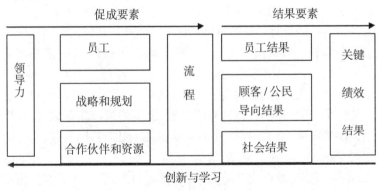

图3.5　公共部门通用评估框架(CAF)

二、中国义务教育财政支出绩效评估模式的选择

根据上述政府绩效评估的模式的介绍,在义务教育财政支出绩效评估的模式选择上也就产生了投入—产出、投入—产出—结果和投入—过程—产出—结果三种具体的模式。其中前两种属于上述的"黑盒模式",即不考虑教学过程的评估,而把教育系统看成一个有机的整体,仅从财政资金的投入、产出乃至结果进行外

部的系统整体评估。后一种属于另外的"白盒模式"，即把教育系统的教学过程作为考量的因素之一，不仅要分析财政资金的投入与产出、结果，还要对教学过程进行解构分析，以期从教育资源在教育系统内部的分布和教学方法、课程设计等因素来推导这些因素对教育的产出和结果的影响。

针对教育全过程和财政拨款全周期的考量，在本书的研究之前，有学者曾运用美国管理学家斯塔弗尔比姆（L.D.Stufflebeam）提出的 CIPP 模式对义务教育的财政支出绩效进行过评估。以 CIPP 模式中的背景（context）、输入（input）、过程（process）与输出（product）为框架，建立起了一个包括教育背景（context）、成本、资源与学校过程（input）、教育结果（outcome）的系统，背景评估在于形成决策，输入评估为组织决策服务，过程评估指导实施决策，成果评估为再循环评估效力。CIPP 是上述四种评估英文单词第一个字母的组合。其优点是建立在严密的理论基础上，有一定的理论分析价值，而且具有很强的描述功能。输入评估（input evaluation）是在阐明决策目标以后，关于达到目标所需要而且可以得到的条件的评估，在本质上可以理解为计划、方案的可行性评估，旨在为组织决策服务。过程评估（process evaluation）即对计划实施情况的持续不断的检查，旨在指导决策实施。成果评估（product evaluation）是对教育成就的测量、解释和判断，旨在确证需要满足的程度，为再循环评估服务。CIPP 模式的基本特点是以决策为中心或以决策为导向，强调评估为决策者提供信息服务，并强调教育评估首先要对目标本身作评估，强调评估贯穿教育活动的全过程等。义务教育质量与效益评估的 CIPP 模式应主要包括：

（一）背景评估

背景评估是一种前置性的诊断性评估，其主要目的在于分析和判断乡（镇）和县（区）所宣布实施的义务教育目标的科学性、明确性。其主要包括自然背景评估和社会背景评估两部分，其中社会背景评估主要包括社会经济背景评估和社会人文背景评估,是背景评估的重点内容。背景评估一方面通过分析义务教育的实施目标是否符合该地社会、经济发展的实际需要,从而对其做出价值判断,同时为义务教育实施的决策提供信息,可以提高实施义务教育决策的有效性,并形成实施义务教育的操作性计划方案或检验其有效性。我国现行的义务教育质量与效益评估基本上没有背景评估这一内容,忽视了背景特别是社会经济背景和社会人文背景对实施义务教育及其质量与效益的影响,没有将义务教育及其评估纳入当地社会发展的大盘子之中,缺乏社会统筹性。

(二)输入评估

输入评估也可以称之为"投入评估"或"条件评估",其主要目的是分析判断该地是否具备实现所决策实施的义务教育目标和必要条件,是对实施义务教育投入质量的价值判断。输入评估的主要指标应包括:学校的设点布局能否充分满足所有适龄儿童少年就近入学;学校的校舍、场地、设施、设备、图书、仪器、资料等办学条件能否充分满足义务教育的需要;师资的数量、质量、结构等能否满足义务教育的需要;教育经费的数量与来源以及社会对义务教育的支持等等。一般而言,高质量的输入是高质量的产出的保证,因此,对输入评估的四大类指标均应以"硬指标"设置,并加大对政府责任评估的力度。

(三)过程评估

过程评估[①]在于分析与发现该地实施义务教育中的成绩、经验及存在的问题,从而对输入的转化水平和实施义务教育过程的完善程度进行价值判断,为实施义务教育的单位和人员提供改进

---

① 在本书的研究中,义务教育财政支出绩效评估的过程评估所涉及的概念是指教育体系内部,特别是各级学校内部的教学过程和学校管理过程,这个概念是秉承上面政府绩效管理里的政府黑箱概念所引申出来的。在一些研究绩效预算、政府预算学以及财政学教科书中,对财政支出的过程考量往往是指审计部门对财政拨款过程合规性的检查,也就是从财政资金监督的角度来考虑考察财政支出过程。

决策和工作的依据,具有较强的导向性和激励性。过程评估的指标主要包括三个部分:一是教育过程的完善程度,包括办学指导思想、教育方针的贯彻、课程设置、校风、教风与学风、办学特色等;二是管理过程的完善程度,包括组织机构、管理思想、管理体制、规划计划、各项工作管理、中心校的示范辅导作用等;三是执法过程的完善程度,包括对义务教育法的宣传动员教育、动员入学、制止流失、特殊儿童教育措施、对违法单位和个人是否严格执法等。加强过程评估,有利于端正办学指导思想,全面实施素质教育,全面提高教育质量;有利于加强和改善教育管理,提高义务教育的质量与效益;有利于贯彻《义务教育法》,使义务教育走上法制化的轨道。因此,要努力克服现行义务教育评估体系忽略过程评估的做法,加大过程评估的力度,建构义务教育评估,推动义务教育事业发展的有效运行机制。

(四)结果评估

结果评估之目的在于判断实施义务教育目标的达成度,从而为鉴定、考核、奖惩提供依据,为义务教育的再发展提供反馈信息,是一种终结性的评估。义务教育质量与效益评估的结果评估指标至少包括:一是义务教育的普及程度,如适龄儿童少年入学率、辍学率、15周岁人口和17周岁人口初等教育与初级中等教育的完成率、15周岁人口中的文盲率等等。二是义务教育的质量,如各年级升级率、小学毕业率及升学率、初中毕业率、学生行为规范合格率、学生体育锻炼达标率、学生学科成绩合格率、近视率等。三是义务教育的社会效益,包括毕业生的反馈、家长的反馈、上一级学校的反馈、用人单位的评价及社会舆论的评价等等。同时,应结合本地区实施义务教育过程的一些"热点"问题和困惑之处,设置一些监控指标,以确保义务教育的质量与效益。

其实就理论研究而言,对义务教育财政绩效管理全过程的考量无疑具有重要的理论价值和现实意义,然而,随着研究进程的深入,笔者发现有必要把义务教育财政支出的绩效评估与义务教育的质量评估相区分,即义务教育财政支出绩效评估实际上是从财政资金使用的角度出发,来探讨资金使用的效率和效果,而义务教育的质量评估是仅仅在教育领域内就教师素质、教学环境、教学内容、教学过程的科学性和有效性进行的一种更加看重教学过程本身的一种评估。由于在第一章的理论综述部分,本书已经对财政支出绩效的效率性、效果性和有效性给出了侧重结果考量的定义,并且阐述了公共财政理论中财政供给与市场生产的区分,即已在绩效管理理论中阐述了有关公共委托—代理理念和顾客导向的结果式绩效考量对实际义务教育财政支出质量的看重,所以,本书主要侧重从财政资金使用效果而非教育过程、教学课程设置等教育教学评估的角度来评估资金使用的结果绩效。在本书的义务教育财政支出绩效评估模式的选择中,笔者将有意地采取屏蔽考量中间过程的"黑盒评估"模式。在实际构建本书的评估模型时,这种建构思路在一定程度上也解决了后续实证研究过程中的一些数据处理方面的难点。例如,出于数据来源、数据的处理以及评估成本等因素的考虑,后续的评估工作往往不得不舍弃某些评估环节来保证评估结果的可获得性,在本书的实际研究中,也同样面临着同样的问题。因此本书在借鉴 CIPP 模式的基础上,拟采用省略过程考量的简化版 CIPP 模式,即 CIP 模式对中国的义务教育财政支出绩效进行评估,具体如下图:

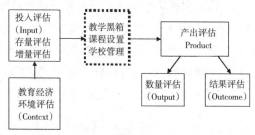

图 3.6 中国义务教育绩效评估的 CIP 模式

在背景评估环节,本书主要从待评估地区所处的经济发展状态来设计指标体系,意在说明当地的教育经济环境;在资金投入的评估环节,本书主要考虑从财政资金投入的存量和投入的增量两种因素入手来设计资金投入绩效的评估指标;在产出环节,本书将教育绩效分解为"量"和"质"两个维度来分析产出效果。其中"量"的方面主要从公平性的角度来衡量,而"质"的方面主要从实际效果的角度,采用满意度调查的方式来进行评估。而对于具体的教学过程和学校管理过程,除了上述所说的因素之外,基于E.A.汉纳谢克在研究教育生产函数中所指出的,"假如学校的'生产函数'是已知的,那么当资源增加或减少时就应该可以预测出将出现的结果,问题在于教育的'生产函数'是未知的"。①考虑到教育财政投入的"黑箱效应",为简化后面指标设计时对财政支出过程考虑的复杂性,本书认为只通过对教育系统投入、产出、结果的三个因素的考量,就可以间接地考察教育系统的内部绩效。而且,由于本书在之前的理论部分已经提出了"花钱买优质服务"的思想,随着义务教育财政"花钱"方式的转变,学校将逐步担负起教学和学校绩效管理的责任,而财政部门只需按照实际效果与设定目标进行比较,就可以进行财政支出的绩效评估,因此,也就无须过多地考虑学校的内部管理过程。

三、中国义务教育财政支出绩效评估 CIP 模式设计

(一)义务教育财政支出绩效评估 CIP 模式的设计原则

义务教育绩效评估,是加强义务教育管理,推进义务教育实施的巨大动力,它不仅要能准确地测出某个时刻某个地区义务教育的现状水平,为领导机关提供可靠的决策参考,而且要能及时反映和解决工作中的成绩和问题,把竞争机制引入义务教育的实

---

① E.A.汉纳谢克.教育生产函数[M].闵维方等译.教育经济学国际百科全书.北京:高等教育出版社,2000:352

施过程。实行推进式评估,是加强义务教育管理、推动实施义务教育进程,提高义务教育质量与效益的关键。为此,义务教育绩效评估必须坚持以下原则。

1.导向性原则

义务教育绩效评估,首先是对义务教育属性、目的、方向,甚至大政方针的诊断。因此,义务教育绩效评估体系无论从总体上还是在局部上都应紧紧把握社会主义的办学方向,全面贯彻党和国家的教育方针和政策,以《纲要》为指针,严格执行《义务教育法》,以素质教育为核心,按教育规律办事,深化教育改革,全面提高教育质量。在这个大目标的控制和指导下,义务教育绩效评估体系具有对义务教育进行方向性管理和指导的作用。

2.科学性原则

义务教育绩效评估必须坚持实事求是的科学态度。其评估的程序应特别强调从实际出发,调查研究,见人见物,重视数据,尊重客观,克服主观随意性。其评估指导既要注意到义务教育质量与效益的全部内涵,又注意抓住其主要因素;既符合义务教育的法规和要求,又要面向实际,承认差别。其评估的方法应坚持定性评估与定量评估的有机结合,从"质"与"量"的结合上充分显示义务教育的质量与效益水平。其评估结论要充分反映义务教育的多重性、复杂性以及螺旋推进的特点,既看现实状况,又看过去的基础和发展,全面、客观、公正地评估一个地区某个时期义务教育的质量和效益。

3.整体性原则

义务教育质量与效益评估体系要针对义务教育的系统性和综合性特点,坚持系统性的整体评估思路。在评估指标坚持"投入(条件)——转化(管理)——产出(质量与效益)"的设计思路,背景评估、投入评估、过程评估、结果评估等指标并举,避免仅以产出指标来评估义务教育质量与效益的片面性和弊端。同时,在评估过程中,将前置性评估、形成性评估、总结性评估结合起来,既注重成果的评定,更要依据目标,重视过程的考核与改进,将学校自评、乡县测评、督导验收等的信息反馈,以及评估结论等方面统一起来,使各种因素交互影响,置于评估的总体和全过程中,以利于促进义务教育的整体推进。

4.可行性原则

从结构上来说,义务教育绩效评估必须为"纵横结构"。"纵"为实施义务教育三类不同地区,以体现分类指导、分类实施、整体推进的原则。"横"为评估指标系统,按项分条提出具体要求,按要求确定分值。"纵""横"结合,使义务教育绩效评估体系呈台阶式,有起点,无终点,充分体现义务教育的过程和推进奖励式评估,避免"一刀切"的僵化式评估。同时,在这个纵横结构的评估体系中,在坚持量化评估的前提下,对那些导向性的、难以量化的指标项目实行等级评估,对一些难以确定等级的计分项目实行总结评议式的印象评估,使其具有较强的具体操作可测性和简便实用的可行性。

(二)义务教育财政支出绩效评估 CIP 模式的评估主体确定

根据其主体不同,湘潭大学彭国甫教授把中国政府绩效评估主体归纳为外部评估主体体系和内部评估主体体系两大类。外部评估是指政府机关以外的评估主体所构成的评估主体体系,包括国家权力机构和社会评估等。国家权力机构评估,是指各级人民代表大会及其常务委员会的评估。政府是国家权力机关的执行机关,它由国家权力机关产生并向国家权力机关负责。因此,各级人民代表大会及其常务委员会是政府绩效评估的权威主体,它可以根据评估结果按有关程序对有关人员实施任免和奖惩。同时,随着人民民主意识的提高和参政议政热情的高涨,社会评估正在逐渐地发挥越来越大的作用。社会评估主要包括公民个人、社会团体、社会舆论和中介评估机构等。这些机构通过一定程序和途径、采取各种方式、直接或间接、正式或非正式地参与了政府绩效评估工作。而内部评估主体是指整个机关自身作为评估主体所构成的评估体系,主要包括自我评估和专门评估两部分。其中,自我评估是指政府机关内部按隶属关系上下级之间相互实施的评估;专门评估是指政府设立专门机关对所有的绩效实行全面的评估,它主要包括人事部门的评估和审计机关的评估。

就中国现行的义务教育管理模式而言,目前属于效率评价活动的财政支出绩效评估行为仍然属于管理过程中的控制环节。这种评估的特点主要是上级财政部门对下级预算单位的资金使用活动的监督和控制。但是,随着分权化管理、结果管理、顾客导向、工作团队、组织与雇员发展等新管理主义理念和实践活动的大量出现,这种自上而下的单向评价活动应当转换为全方位的绩效评估方式。事实上,从管理学意义上来说,"新公共管理"模式是站在"企业化政府"的高度上,将社会公众与政府的关系,定位为新型的"公共受托责任"关系,它要求把反映公共资源的优化配置和合理利用、考评公共部门的绩效和增加透明度视为受托责任的核心。新的公共管理体制的主要宗旨是实现公共部门"企业化"管理。新体制将政府部门划分为以公共产品或服务(产出)为中心的"公司化"管理单位,以产出为导向,对政府机构实施管理控制,而不是依靠上层决策来实施控制。社会公众是提供政府税收的"纳税人"和享受政府服务作为回报的"顾客"或"客户",政府服务应以顾客为导向,应增强对社会公众需要的响应力。近年来,在人力资源领域已经普遍采用 360 度个人绩效评价体系来全方位地评价组织中的个人绩效(见图 3.7),这种评价被认为能够对个人绩效提供更全面、准确、可靠、可信的评价[1]。

---

① 刘旭涛.政府绩效管理:制度、战略与方法[M].机械工业出版社,2003:176

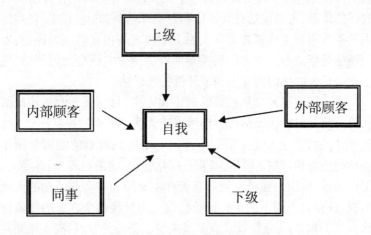

图 3.7　360 度个人绩效评价体系

　　因此,随着各种提供义务教育服务的准市场化发展,为获得更加广泛的管理自由权和资源控制权,按照市场规则提供教育服务的机构将不再单一而机械地执行上级教育行政部门的指令,它们在面对广大的社会群体时,还必须考虑人大、政协、地区领导、专业人士、公众以及其他相关部门对它们提出的各种要求,并做出及时的回应。因此,对各地教育服务提供部门的绩效评估,应当从自上而下的单一链条形式转变为面向多元利益群体,并体现在政治、法律、专业技术、管理等各个方面的网络形式。所以,在传统的教育行政部门和财政支出绩效内部评估的基础上,通过引入独立的第三方专业评估主体和通过政府评估信息的公开引导公众的民主参与,将可以满足各方利益相关者的不同需求,从而提升绩效评估的广泛性和社会参与度,扩大绩效评估结果的影响力。

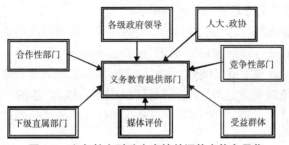

图 3.8 义务教育财政支出绩效评估主体多元化

（三）义务教育财政支出绩效评估 CIP 模式的评估流程设计

从各国政府财政支出绩效评估的实践来看,对绩效概念以及评估要素的阐述还不足以开展绩效评估活动,因为绩效评估并不是一个单一的行为过程,而是由阐明评估的要求与任务、确定评估目的和可量化的目标,建立各种评估标准,根据评估标准进行绩效评估、比较绩效结果与目标、分析与报告绩效结果、运用绩效评估结果改善政府管理等所组成的行为系统,是一个由许多环节所组成的综合过程。实际上,财政支出绩效评估的各个环节组成了一个不断循环的环路,如图 3.9 所示[①]。

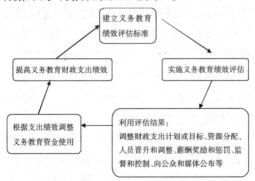

图 3.9 义务教育财政支出绩效评估的循环过程

---

① 蔡立辉.政府绩效评估的理念与方法分析[J].中国人民大学学报,2002(5):93~100

1.建立义务教育绩效评估标准

绩效标准也称为绩效目标。绩效评价就是对财政绩效管理活动的绩效进行评价和划分等级。区分和明确各个不同绩效等级上的具体绩效要求就是绩效目标。除了对不同的绩效等级规定明确具体的绩效要求之外,绩效目标还规定了明确、严格的产出和结果评估措施,每一个绩效等级需要达到什么样的绩效要求都是事先给定的。

2.实施义务教育绩效评估

绩效评估过程就是根据绩效目标来对实际的管理和服务结果划分等级的过程。因此,可以说,绩效评价的程序开始于管理结果与绩效目标之间的比较。如果没有明确的绩效目标,政府绩效评估就失去了方向,也不可能开展;如果绩效目标明确,开展绩效评估就会比较容易。①

3.财政支出绩效评估结果的使用

绩效评估不仅包括绩效评估过程本身,而且还包括评估结果的使用。绩效评估的结果为计划或目标的科学制订、资源分配、人员晋升和调整、薪酬奖励和惩罚提供了依据和基础。根据实际的评估效果调整下一周期的财政资金使用数额,可以建立一种奖罚分明的绩效反馈机制,逐步形成优胜劣汰的财政资金分配格局。另外,绩效评估的结果还可以用来监督和控制项目执行的情况;向公众和媒体公布绩效评估的结果可以使公众了解当地的义务教育财政支出的绩效状况,并能够进行比较,进而做出选择。

4.义务教育财政支出绩效的提高

绩效评估结果对教育部门来说具有重大的激励作用和监督作用,通过绩效评估结果的利用可以促进财政绩效的提高,而绩效的提高又会影响到财政资金下一次循环中绩效标准的建立。所以说,绩效管理是包括建立绩效标准、进行绩效评估、利用评估结

① 蔡立辉.政府绩效评估的理念与方法分析.中国人民大学学报,2002(5):93-100

果、提高财政资金使用绩效的一个循环往复的动态过程。

(四)义务教育财政支出绩效评估 CIP 模式的评估标准确定

标准体系是对财政支出行为进行客观、公正、科学分析判断的标尺,通过将指标实际值与评价标准值进行比较,来确定评价指标的优劣。由于评价指标一般是数量化的,其评价标准通常是一个数值范围,如果被评价者的绩效恰好在标准范围之内,说明它较好地完成了预定的目标。评价标准直接关系到评价的合理性、准确性和科学性,也关系到财政支出绩效评价体系的权威性。不同地区、不同部门、不同单位、不同项目、不同时间,评价标准也有所不同。在实施评价的过程中,评价标准值应通过本地区、本行业的统计资料或基础数据库来直接获得或测算取得,并通过权威机构进行认定和定期发布。

一般而言,财政支出绩效评价标准按照可计量性,分为定量标准和定性标准,但定量标准和定性标准可以根据标准的取值基础不同。从国内外评估研究成果看,分为行业标准、计划标准、经验标准、历史标准等四种类型。第一,行业标准,也称经费标准,是以一定行业许多群体或某项财政经费的相关指标数据为样本,运用数理统计方法,计算和制定出的该行业评价标准。采用行业标准便于财政管理部门对各类支出项目的绩效水平进行历史的、横向的比较分析,通过评估结果总结出一定时期内,同类支出项目应达到的经济或效率或有效水平,并为加强支出管理提供科学依据。行业标准由于自身的客观性、权威性和易取得性,在评估工作中得到广泛的使用。在中国,可以采用国家公布的行业水平作为行业标准。行业标准需要以强大的数据资料库做支持才能得到充分应用。由于目前中国的财政管理数据库建设刚刚起步,与绩效评估相关的评价指标数据还不够充足,影响了评估工作的实施。因此,健全统计资料,完善数据资料库对推动绩效评估工作开展起着重要作用。第二,计划标准,又称目标或预算标准,它是指以事先制定的目标、计划、预算、定额等预定数据作为评价财政支出绩效的标准。计划标准的作用是通过将实际完成值与预定数据进行对比，发现差异并达到评价目的。由于计划标准往往受主观因素的影响，其制定要求相应较高，如果制定得科学合理，则具有较好的激励效果，反之，标准不是过高，就是过低。计划标准过高，出现"鞭打快牛"或者完不成现象，容易挫伤积极性；计划标准低了，又起不到激励作用。第三，历史标准。历史标准是以本地区、本部门、本单位或同类部门、单位、项目的绩效评估指标的历史数据作为样本，运用一定的统计学方法，计算出的各类指标的平均历史水平。如上年实际数据、上年同期数据、历史最好水平等。需要注意的是，运用历史标准的基本假设是现行评估对象所处的环境与历史标准所涉及的那段时间的环境大体一样。如果环境发生了较大变化或者持续不稳定，则不适宜采用历史标准进行评估。实际运用时也要对历史标准进行及时的修订和完善，尤其要注意剔除价格变动、数据统计口径不一致和核算方法改变所导致的不可比因素，以保证历史标准符合客观实际情况。第四，经验标准。经验标准是根据比期的财政经济活动发展规律和管理实践，由在财政管理领域有丰富经验的专家学者，在经过严密分析研究后得出的有关指标标准或惯例。经验标准适用于缺乏同业比较资料，尤其是缺乏行业标准时的绩效评价。即便两种标准同时可供使用，当行业标准不如经验标准权威性高时，为保证评价结果得到评价对象和社会公众的认可，应当选择经验标准而非行业标准。

在本书的义务教育财政支出绩效评估标准的确定中，在一开始打算使用行业标准和历史标准。拟打算使用近五年的《中国教育统计年鉴》《中国教育经费统计年鉴》《中国教育年鉴》这样有据可查的、比较权威的客观数据，依据本书后边建立的指标体系，先验地建立一个参照系，然后计算样本数据的绩效评估值，通过样本数据与参照系数据的对比，对样本数据进行排序，从而完成本书的绩效评估。然而,在实际的指标选择中,由于现有的统计年鉴对教育工作的统计是基于数量产出评估进行的,因此没有相对应的质量产出指标,所以无法满足本书 CIP 评估模式中把质量产出作为影响财政支出绩效考虑因素的要求。在数据的收集过程中,笔者发现由于统计口径和数据汇总方式的差异,国家层面的统计数据和县域层面的统计数据往往存在一定的不可对比性,即有些数据国家层面的统计数据比较侧重,而县域层面却无法一致地找到相应的数据等等。因此,最后本书不得不放弃采用行业标准和历史标准的想法,选择相对评估标准,即在样本数据评估值的基础上进行标准化处理,设定样本中绩效评估值最高的样本为 1,其余的样本进行相应处理,来进行对比研究。同时,为了使绩效评估标准既体现不同样本地区的义务教育绩效水平又能体现当地教育部门的义务教育供给和管理的努力程度,所以本书选择了一个静态指标和一个动态指标相结合所组成的二维评估标准空间,来建立义务教育财政支出绩效评估标准体系。

第二节　中国义务教育财政支出绩效评估指标体系设计

一、对几种绩效评估指标体系的考察

运用科学义务教育财政支出绩效评估指标,对义务教育绩效进行科学的评估,依据评估的结果对教育部门及相关人员进行科学的奖惩,以期在保证教育投入的基础上通过正向激励的手段提升教育支出的使用效率和效果, 是世界上很多国家的普遍做法。这种做法正是利用了委托—代理理论中的激励相容原理,使得财政拨款与实际的教育绩效产生联系,用于引导、规范、监督和激励公共教育服务的质量,促进政府义务教育职能的逐步转变,提高政府的教育服务能力,增强公民对政府教育政策的认同,使得通过财政支出绩效管理的方式提升义务教育效果的理念得以实现。但是通过研究笔者发现,首先,在国内的研究中,完整的针对义务教育财政支出绩效的指标体系研究也是刚刚起步,之前的研究都是在教育部门和财政部门两个领域中有一些相互的交叉,像教育部和财政部主导的"两基"工程评估等。目前,唯一完全针对义务教育财政支出绩效评估的研究只有江苏省针对全省义务教育财政支出绩效的评估实践,而且也有待完善。其次,在国外的相关文献中完全针对义务教育财政支出绩效评估的指标体系研究目前还处于初级阶段,由于公共教育支出是政府多项公共服务职能之中的一个,因此很多有关教育绩效评估的指标设计都散落在有关政府绩效评估的指标设计当中。所以本书的有关指标设计的研究首先要对国内外散落在不同研究视角和框架中有关教育绩效评估的指标给予梳理。

(一)瑞士洛桑国际管理研究院(简称 IMD)中有关教育绩效的评估指标

IMD 作为全球研究国家竞争力的权威机构,全部评估体系均建立在企业竞争力和国家竞争力及其相互关系的理论框架之上。IMD 假定国家财富的创造根本上来自于企业层面,明确提出企业是在国家的环境中运作的,这种环境增强或者阻碍企业的国内或国际竞争能力。而在企业和国家的相互关系中,财政政策和教育投入是影响企业竞争力的核心要素之一,因此对财政支出和教育支出的评估就显得尤为重要。因此,IMD 专门建立一个比较完整的国家竞争力评估体系。在这个体系中,有关教育的评估指标如表 3.2 所示:

表 3.2　IMD 国家竞争力评估体系中有关教育绩效的评估指标

硬指标(7个):是全部公共教育支出、初等教育学生—教师比、中等教育学生—教师比、中等学校入学人数、高等教育成绩、教育评估、文盲率。

软指标(6个):教育体系、大学教育、经济知识普及、教育基金、合格工程师、知识转让。

（二）澳大利亚政府公共服务绩效评估有关教育绩效的评估指标

1974 年澳大利亚政府皇家调查委员会（The Royal Commission on Australian Government Administration）成立后，就在主席 Dr. HC Coombs 的带领下对澳大利亚所有公共服务部门进行了一次广泛的调查，并于 1976 年形成调查报告。该报告得出的结论是：公共服务结构僵化、死板而不灵活。提出要改革公共服务部门，让更多的公众参与公共服务；消除等级制度、下放权力。为了促进公共部门改进绩效并增加透明度，1993 年澳大利亚总理在一次部长会议上提出对澳大利亚政府公共服务进行评审的建议，并于 1994 年成立了政府服务评审筹划指导委员会（Steering Committee for the Review of Government Service Provision），专门负责政府服务绩效的评审工作。该委员会在借鉴英、美两国绩效评估经验的基础上，构建了一套澳大利亚政府服务绩效评估指标，自 1995 年开始对政府公共服务部门进行评审比较活动，并公开发布评审报告。评审每年举行一次，评估的指标体系在逐次评审实践中不断得到改进和完善，已从最初的效率和效果两个维度，发展到今天的公平、效率和效果三个维度。

1995 年构建的指标体系，总体上分效率和效果两个维度，效果指标包括服务质量、服务恰当性、服务的可获得性以及服务的公平性几个方面，效率指标主要是以单位成本来衡量，如图所示：

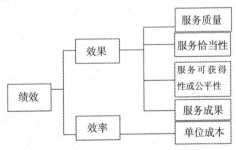

图 3.10 澳大利亚公共服务绩效指标总体框架

在整体框架的基础上,针对普通教育的评估指标包括:

表3.3 澳大利亚普通教育绩效评估指标

1. 学生学习效果。指标包括:标准化基本技能测试情况,如阅读能力、写作能力和计算能力。
2. 社会效益。指标包括:学生毕业后去向(继续读书的学生比例、工作的学生比例、失业的学生比例),对生活的态度积极与否。
3. 公平性。指标包括:土著居民占学生总数比例、读完12年的学生比例。
4. 单位成本。指标包括:花费在每个学生身上的教育支出、师生比例。

(三)世界银行教育贷款项目效益评估指标体系

世界银行对中国基础教育的关注基于对基础教育或全民教育(Education for all)的认同,同时世行也注意到,中国基础教育面临着严重的地区发展不平衡问题。一些大城市和沿海地区,九年义务教育早已普及,而在贫困和边远地区情况却令人担忧。为此,世界银行教育贷款中所有基础教育项目都面向了贫困地区,见表3.4:

表3.4 世界银行教育贷款项目汇总

1992年	"贫困省教育发展项目"(贫 I)
1995年	"贫困及少数民族地区基础教育发展项目"(贫 II)
1996年	"贫困及少数民族地区基础教育发展项目"(贫 III)
1997年	"第四基础教育发展项目"(贫 IV)
2003年	英国政府赠款"西部地区基础教育发展项目"(贫 V)

各贷款项目的建设目标和内容总体上一致,即通过改善办学条件和师资水平等教育硬件和软件环境,加快贫困地区普及义务教育的速度,并不断提高义务教育质量。世界银行基础教育贷款项目建设目标与内容详见表3.5。

表 3.5　世界银行基础教育贷款项目建设目标与内容

项目名称	建设目标	建设内容
贫困及少数民族地区基础教育发展项目(贫Ⅱ)	改善六省(区)111 个贫困县(旗)部分小学和初中的办学条件,加快实施九年义务教育;调整中等师范学校的布局和结构,提高办学效益;建立健全教育管理信息系统,提高地方教育行政部门的决策能力和管理水平。	消除中小学危房并新建校舍;购买教学仪器设备和图书;加强教师及各级教育行政管理人员的培训;为四川、江西两省的部分中等师范学校购置仪器设备、图书资料并进行人员培训工作;帮助新疆、宁夏在自治区级和项目县级建立教育管理信息系统;在国家教育部所属国家高级教育行政学院内建立"少数民族教育管理干部培训中心";在六省(区)开展改革课题研究及教材改革、课外读物编辑出版工作。
贫困及少数民族地区基础教育发展项目(贫Ⅲ)	实现贫困和少数民族地区小学教育的普及,并加快实施初中阶段的义务教育;为义务教育的实施建立强有力的机构。项目将通过以下措施来帮助中国政府实现2000年普及义务教育的目标:将教育资源分配给教学点;提高完小的入学率;在农村地区推广复式教学;通过双语教学计划降低少数民族儿童的辍学率。	机构建设方面:教学仪器设备、图书等硬件的改进和提高、师资水平的提高。管理水平的提高:地方教育管理人员的培训;项目管理人员的培训;教育管理信息系统的进一步建设。中央一级水平:国家级培训、研究拓展计划、生活津贴、访学、专家组与课题研究。
第四基础教育发展项目(贫Ⅳ)	提高绝对贫困人群在小学和初中阶段的入学机会,并接受平等的教育,尤其需要关注女童和少数民族儿童;提高小学和初中阶段的教育质量,同时加强对教师的培训和对培训者的培训计划;通过不断提高国家、省、县和项目单位一级的教育管理水平,增进教育投资利用效率。	为边远、贫困和少数民族地区的小学和初中提供土建工程、仪器设备、课桌椅、图书资料等硬件设施;提高教师和校长的专业素质和实践技能;培训教育管理者,开发和利用教育管理信息系统。

资料来源:世界银行教育贷款相关项目文件。

从以上三个贷款项目情况看,世界银行基础教育贷款项目都是配合中国政府承诺的 2000 年普及九年义务教育战略目标展开的,强调提高普及率的同时关注教育服务的平等与质量。贷款资金主要用于硬件和软件建设,包括校舍修建与维护、教学仪器和图书资料采购、教师和校长及教育行政管理人员培训,以及教育管理信息系统建设和技术援助项目等。为保证上述项目目标的实现和准确衡量项目的实际效果,为使得评估结果客观,世行特别制定了一套项目效益评估指标,通过一系列量化指标来反映项目效益。详见下表:

表 3.6 "贫 II"项目效益指标

小学部分	初中部分
校舍中危房数及比例	校舍中危房数及比例
教学仪器设备达标及比例	教学仪器设备达标及比例
一年级儿童净入学率	实验课开出率
完成一、二年级的学生比例	一年级学生净入学率
一年级儿童重读率	一年级女童净入学率
完成一、二年级的女童比例	教师中学历合格与专业合格数及比例
15 周岁儿童小学完成率	接受继续教育培训的教师数及比例
小学毕业生升学率	参加培训的校长数及比例
小学毕业生女童升学率	
师生比	
教师中学历合格与专业考核合格比例	
接受继续教育培训的教师数及比例	
接受双语培训的教师数及比例	
校长接受培训的数量及比例	
得到免费教材的学生数	
得到免费教材的女童数	

(四)中国国家两基评估指标

随着新公共管理理念和公共财政理念在中国财政界逐步传

播,财政支出绩效评估已从理论界的讨论逐步演变为实际工作部门的实践活动。在教育部门内部,随着"以县为主"义务教育体制的建立以及中央财政逐年加大了对农村地区的财政转移支付力度,义务教育财政支出的实际效果越来越受到中央乃至各级政府的重视。在原有教育评估的基础上,更大范围的、由中央教育行政主管部门主导的义务教育财政支出绩效评估工作随即展开,"普九"检查和"两基"评估工作应运而生,这项工作可以理解为中国政府对义务教育财政支出绩效评估的一种尝试。自 1993 年建立"两基"评估验收制度以来,原国家教委已多次就"普初"的评估验收工作提出要求,1994 年下发的《普及义务教育评估验收暂行办法》提出了具体要求。各省市依照《暂行办法》的要求,制定了"普初"评估验收办法,并从 1996 年起,有计划地对 2000 年前只能"普初"的县(市、区)进行评估验收。随着全国"两基"规划目标的逐步实现,贫困地区的"普初"已成为 20 世纪末全面实现"两基"目标的重点工作之一。为进一步规范贫困地区普及初等义务教育评估验收工作,加强对评估验收工作的指导,1998 年教育部印发了《关于贫困地区普及初等义务教育评估验收工作的意见》的通知。各省市结合本地实际,研究制定了本地区普及初等义务教育评估验收办法,积极扎实地推动贫困地区普及初等义务教育工作,为本地区 21 世纪实现"两基"目标奠定了基础。

进入新世纪后,中国提出要高水平、高质量普及九年义务教育,这是《国务院关于基础教育改革与发展的决定》对基础教育发展提出的基本任务。2003 年,教育部开始启动普及九年义务教育的评估验收工作。评估验收工作由省政府教育督导室具体负责组织。评估验收以县为单位进行。评估验收工作依照省人民政府和市、州、县人民政府制定的义务教育实施规划,分期分批进行。福建省、浙江省、湖北省、甘肃省等构建了相关的普及九年义务教育评估标准,虽然根据本地区情况细节上有些不同,但是大致上相同,相关的评估指标见表 3.7。

表3.7 中国国家两基评估指标体系

一级指标		二级指标
高水平高质量普及九年义务教育评估标准①	1.普及程度	1.小学与初中学制。 2.适龄人口入学年龄与入学率。 3.在校生年辍学率。 4.残疾适龄人口义务教育阶段入学率。 5.按时毕业率与扫盲。
	2.师资水平	6.小学、初中专任教师编制,学科配套,专业职务结构;小学英语、中小学信息技术课教师紧缺的问题。 7.专任教师的学历。 8.专任教师接受骨干教师市(地)级及以上的培训,接受信息技术初级培训,中、高级职务的教师基本接受中级培训。 9.全面实施教师资格制度,新聘任的专任教师均应具备教师资格。 10.建立健全中小学教师继续教育制度。 11.完善中小学校长持证上岗制度,新任校长必须取得任职资格培训合格。
	3.办学条件	12.义务教育阶段学校的数量、规模容量,班生额。 13.小学生均校舍面积。 14.中小学的校舍配套设施齐全,校园环境及学校危房隐患。 15.中小学体、卫、艺、劳技等常规教育器材和设施,中小学图书馆(室)建设及图书资料配备。 16.中小学现代教育技术装备。
	4.教育经费	17.县本级财政对教育的拨款,尤其是中小学生均公用经费。 18.中小学教师工资。 19.农村教育费附加的征收、使用、管理。城市教育费。 20.无截留、平调、挪用中小学校缴存财政专户的资金现象。 21.乡级政府应确保自有资金用于本乡、村两级教育事业。 22.县级财政应按规定的比例拨出专项经费,以保证中小学教师继续教育的需要。
	5.教育质量	23.县、乡两级政府实施素质教育工作的领导机构。 24.县、乡两级政府坚持依法治教,遵循教育规律,用正确的观点评估学校办学水平和教师工作,学校实施素质教育有良好的政策环境和社会环境。 25.学校依法办学,以德治校的情况。 26.中小学重视实施素质教育,在改革学校教育教学管理,优化课堂教学过程,推进课程教材改革,培养学生创新精神和实践能力,教育科研等方面取得一定实绩和经验。 27.建立对中小学实施素质教育工作的督导评估制度。 28.在校生学业单科及格率和全科及格率。

① 具备评估标准要求的县(市、区),均可向省人民政府教育督导室申报验收。核查程序是通过自评、设区市核查和省省督导室确认。不具备申报资格的单位,已确认命名的撤销其荣誉称号。经省级验收确认,由人民政府颁发"高水平高质量普及九年义务教育"的牌匾。"双高普九"的荣誉称号并非终身制,获得称号之后,如有明显退步,先予以警示,整改期限之内,仍未改变面貌的,将取消荣誉称号。

（五）江苏省义务教育财政支出绩效评估指标

随着绩效管理理念的逐步深入，江苏省有关部门打算要求有关部门全面、系统地归集、整理义务教育阶段学校各项教育成果，进一步研究和探索财政投入与教育质量的关系，进行投入产出的综合评价。之后，2006年江苏省财政厅、教育厅下发了《关于对全省2005年度义务教育财政支出开展绩效评价的通知》（苏财绩〔2006〕26号），首先在江苏全省范围内推行义务教育财政支出绩效评价工作。这次义务教育财政支出绩效评价工作由江苏省财政厅负责、省教育厅配合组织实施，涉及全省7800多所义务教育公办学校以及财政、教育等多个管理部门。为保证评价结果的真实有效、公平公正和权威性，评价工作采用了客观、可量化的评价指标，同时采取专家评价法，由财政部门邀请有关专家进行科学评价。该次评价的指标体系包括学校基本情况、教育条件、教育投入、教育产出与结果四个方面，据此综合考察一个地区（学校）的义务教育发展状况；信息来自于教育部门填报的基本情况、教育投入、产出基础信息以及教育测评成绩。由于对教育质量的关注，因此在确定绩效指标时，尽量选取能够反映教育支出的社会效果的指标，即数量和质量，这也是义务教育绩效评价格外关注的两个方面：教育覆盖面和教学质量。

为了有效地开展工作，江苏省财政厅和教育厅联合下文公布了《江苏省义务教育财政支出绩效评价指标体系与基础表填写说明》，用标准的绩效评估表收集相关数据信息。具体见表3.8。

这其中出于"查家底"的需要每个表中，都分为四级指标，从大类到细项都做出了说明，详细地涉及了上表中的各类评价目标，同时为了简化最后的评价打分，这中间在每类多项指标中挑选出有操作性和代表性的指标进入最后的评价指标。详细的指标设计可参见2006年江苏省财政厅、教育厅下发了《关于对全省2005年度义务教育财政支出开展绩效评价的通知》（苏财绩〔2006〕26号）的有关内容,下面只列出每类中引入最后评价的指标,见表3.9。

表 3.8 江苏省义务教育财政支出绩效评价基础表

绩效评价表名称	评价目标
绩评基表 1	基本情况
绩评基表 2	教育条件
绩评基表 3–1	教育投入——课程
绩评基表 3–2	教育投入——在校生
绩评基表 3–3	教育投入——教师
绩评基表 3–4	教育投入——教育经费
绩评基表 4–1	教育产出与结果——义务教育毛入学率
绩评基表 4–2	教育产出与结果——课程测试
绩评基表 4–3	教育产出与结果——毕业生
绩评基表 4–4	教育产出与结果——素质教育
绩评基表 4–5	教育产出与结果——设备和设施利用率
绩评基表 4–6	教育产出与结果——社会效果测定
附表一	教职工统计表
附表二	毕业生人数统计表
附表三	在校生人数统计表

表 3.9 江苏省义务教育财政支出绩效评价指标体系

评价方面	指标选择
经费投入	教育贷款年末账面余额(万元) 义务教育财政拨款占当年财政一般预算支出(%) 教职工人均工资性收入 生均教育基本成本(万元/生) 生均建设性支出(万元/生)
毛入学率	在校生占适龄人口(%) 外来人口子女比例(%) 义务教育完成率(%)
学生发展	学生体育达标率(%)

116

续表

课程开设率	国家课程开设率(%)
	省级课程开设率(%)
	周校本课程时数占周课时数(%)
	平均每个教师承担的周课时数(课时/人)
设备设施利用率	计算机利用率(%)
	语音室利用率(%)
	实验室利用率(%)
	年生均图书流通次数(次/人)
社会效果	家长满意率(%)
	教师满意率(%)
	重大教育事故发生数(起)
教育发展能力	每平方公里学校数(所)
	每一学校平均在校生数(人)
	班级平均学生数(人/班)
教育设备和设施	生均教育占地面积(平方米/人)
	生均教育校舍建筑面积(平方米/人)
	生机比
	教育技术装备普实达标情况
	教育现代化达标情况
教师发展	年平均教师人数(人)
	生师比
	高级教师职称比例(%)
	高一层次学历达标情况
	年人均培训时数(小时/人)
	教职工比

（六）国家"十五"社会重大公益项目子课题义务教育财政绩效评估指标

科研院所社会公益研究专项项目《中国绩效预算模式设计》（项目编号：2005DIA2J005）中有关《义务教育财政绩效评估体系

研究》首先介绍义务教育管理制度评价的各个具体指标的理论依据,详细地论述了义务教育制度的变迁和国际义务教育的管理经验与启示,提出了对义务教育管理制度绩效评价的总体和间接标准,并根据绩效管理的理论和国际义务教育绩效管理的经验,考虑到义务教育制度评价的复杂性和多维性,对影响义务教育制度的主要因素进行了综合分析,并制定了较为详细的评价指标。针对义务教育服务间接度量和考核的困难性,结合中国目前对义务教育的财政资金的投入,专门设计了与义务教育密切相关的"战略、政府考核、区域均等化、项目管理、监督和管理制度"六套指标评估体系。

1.义务教育战略评估指标体系:义务教育战略与实施的指标评估体系有四项一级指标:义务教育优先发展,全面、均衡发展指标;面向知识经济的教育创新和知识创新指标;全面提高义务教育的质量指标;义务教育管理体系的创新指标。其中所包含的分指标有:义务教育政策及评估、公共教育经费、转移支付力度、各教育阶段入学率、信息化与现代水平的提高、教育研究成果、教育管理体制的改革和教育监管等。

2.义务教育政府考核指标评估体系:这个指标体系包括社会效能、政府机关效能、政府义务教育工作效率(人力节约度、财力节约度、时间节约度)、义务教育行政行为成本、政府义务教育业绩、义务教育行政信息化、义务教育管理与运行、办学条件、公众满意程度、教育投入、社会监督等分项指标。

3.义务教育区域均等化评估体系:这个指标体系包括三个子指标体系:区域义务教育资源测量指标体系(包括生均教育经费、教学设施、教师的学历结构、教师平均工资、生师比和入学率),区域间义务教育资源差异测量指标体系(包括极差、标准差、极差率、变异系数、麦克伦指数、基尼系数和泰尔系数)和义务教育转移支付指标体系。义务教育转移支付指标体系又包括转移支付资格指标(生均教育经费、最低标准调整系数)、转移支付额计算指标(义务教育标准支出、义务教育标准收入、地方政府努力程度、调整系数)和转移支付效果等指标。

4.义务教育微观管理评估指标体系:该指标体系分别设计了学校管理的评估指标体系、教师的评估指标体系和校长管理水平评估指标体系。其中,学校管理的评估指标体系包括办学条件、师资水平、管理水平、素质教育和办学绩效等指标;教师的评估指标体系包括个人素质、业务水平、组织水平、教研和科研、教师待遇等指标;校长管理水平评估指标体系包括个人年龄和资历知识水平、心理品质与道德修养、个人能力、管理水平、管理绩效考核等指标。

5.义务教育监督体制评估指标体系:该指标体系分为四个子系统,分别是总体监督环境评估指标体系,立法机关监督评估指标体系,政府监督评估指标体系和学校监督评估指标体系,后面的三个子系统分别体现对不同的监督对象实施义务教育监督的绩效。总体监督环境评估指标体系是对整体的法制建设和监督制度建设进行评估所采用的指标体系,它表明对义务教育进行监督的大环境如何,主要包括有关法治建设是否完善,监督制度设计是否合理等。立法机关监督评估指标体系是对立法机关实施义务教育监督情况进行评估所采用的指标体系,主要包括有关义务教育法律法规的健全性、义务教育财政预决算是否受到严格审查等。政府监督评估指标体系是对政府实施义务教育监督情况进行评估所采用的指标体系,主要包括义务教育财政监督指标、义务教育政府督导指标等。学校监督评估指标体系是对学校实施义务教育监督情况进行评估所用的指标体系,包括义务教育收费公示指标、校务公开指标、义务教育绩效指标等。

6.义务教育投入绩效管理制度评估体系:该指标体系主要涉及指标有:

（1）义务教育管理体制（教育财政管理体制、教育管理体制、政府首长责任制、岗位责任制）；（2）义务教育政策（教育政策制定、政策实施能力、社会对义务教育政策实施满意度）；（3）机会均等性（儿童获得受教育机会、占总人口的比例、不同教育渠道）；（4）政府投入与办学途径（义务教育经费占 GDP 的比例、财政性教育经费占GDP 的比例、预算内义务教育经费占财政支出比例、公共教育经费占 GNP 的比例、政府公立办学、社会力量办学、控股公司办学）；（5）义务教育改革（教育财政改革、教育部门改革、课程改革、学校改革、社会监督改革）；（6）管理创新与实践（体制创新、绩效管理、科研管理、信息化管理）；（7）领导管理与运行机制（观念转变、决策正确、督导制度、激励机制）；（8）组织结构（财政部门、学校、教育部门、政府预算部门）。

二、义务教育财政支出绩效评估指标的理论遴选

从以上的分析可以看出，目前就义务教育财政支出绩效评估研究来说，国内外的研究基本上都还处于初始阶段，尤其是对义务教育绩效影响因素的理解更是多种多样。就中国目前此方面的研究而言，评估往往还具有"半自发"、"盲目性"、"随意性"、"单向性"、"消极被动性"和"封闭神秘性"等特征。在深入研究的过程中，笔者发现造成上述现象的原因主要有：第一，没有对义务教育绩效概念进行严格的定义，以致极大地降低了绩效评估的可比性；第二，没有对义务教育绩效评估体系进行严密的理论构思，评估指标的选择主观随意性较强，这极大地影响了绩效评估的效度；第三，没有对评估指标进行相关分析，一些评估指标之间存在高度的相关性，彼此之间设置重复极大降低了绩效评估的有效性；第四，没有对评估指标进行鉴别力分析，评估指标缺乏足够的鉴别力，这在一定程度上降低了绩效评估对教育部门实际工作成效的解释能力。因此，在上述国内外已有的教育绩效评估指标的研究成果基础上,结合中国的国情,探索一套既具有较高可信度和有效性,又具有较强可操作性的绩效评估体系就显得非常的重要。

(一)义务教育财政支出绩效评估的价值取向与要素结构

1.义务教育财政支出绩效评估的价值取向

义务教育财政投入作为公共投入的一种特定资源,政府初衷希望能通过政策实施达到帕累托改进,即使所有人的处境都变得更好,但在现实中有些人获得一定公共绩效时相应总有一些受损者。犹太教经典《塔木德》中的情形恰恰反映这种矛盾的现实:两个人在沙漠中行走,其中一个人有一袋水,如果两个人分享这袋水,则都会渴死。而如果一个人喝这袋水,则他会到达有人居住的地区。按照公正的观点:两个人应分享这袋水,最后两人一同死去,这是平等的结果。另有人主张拥有水的那个人应该自己喝掉水活着出去,这种方案符合帕累托效率原则,认为有一个人活着比两个人死去要好。与上述情形类似,公平与效率也是中国义务教育财政支出绩效评估中必然涉及的两个核心价值取向。

公平一直是人类追求的一大目标。早在 17 世纪~18 世纪,西方近代教育思想的先驱就提出了"教育平等"的理念。工业革命的完成,特别是公共教育机构的问世和义务教育的实施,使人人都有平等接受教育的权利这一理念在 19 世纪末 20 世纪初的西方逐渐变成了现实。在教育领域,教育公平与否是衡量一个教育系统完善和发达程度的重要尺度。教育公平是当代人类教育的民主化和现代化进程所追求的一个核心目标,是社会发展的趋势,更是法律赋予人们的基本权利。中国共产党十六届五中全会《关于制定国民经济社会发展第十一个五年规划的建议》中明确提出了在中国公共财政建设中,把公共服务均等化作为财政改革的一个战略目标,义务教育作为最基本的公共服务之一是人们生存权的保障,同时也是实现其他权利的基础。受教育权是国际公认的基本人权内容之一,这种权利是"人人生而具有的",它直接关系到个人能否有尊严地生活、能否实现其他相关人权。世界各国的宪法和法律都非常重视对教育权的保护，都把教育权特别是受教育权规定或确认为公民的基本权利。所以，对于享有教育权利的每一个人来说，应该是在机会均等的基础上，力求在数量和质量上享有公平的受教育机会，并公平地获得公共教育财政资源。同时对于政府来讲，应该提供给每一学龄人口平等的受教育机会和大致均衡的公共教育资源。因此，构建中国义务教育财政支出绩效评估模式，应该坚持公平导向，通过加大政策力度，尽可能通过缩小地区间教育发展水平的差距，缩小地区间经济发展水平的差距，使地区之间人们的收入分配相对均衡。

　　就效率而言，任何组织的运作目标都是要提升绩效，随着新公共管理运动在世界各国的兴起，"绩效导向"就成为所有组织管理理念的核心。就教育财政投入来说，迫于财政赤字的沉重压力，关注绩效、强调绩效已成为世界各国财政管理体制改革的新方向。倡导绩效导向的重要原因主要体现在以下两个方面：首先在于克服或者避免"公共悲剧"的产生。在公共经济学中，公共支出一般被认为是公用资源，索取无须花费成本，或只是花费少量的成本的情形被称之为"公共悲剧"。义务教育公共悲剧在中国就表现为在统一国家信用体系下地方的办学债务会在逆向传导作用下逐步向上一级政府转嫁风险。这样一来，最后的解决办法便是基层负债提供农村公共物品最终要回归到财政偿还。这种回归最终又将面临一个二难选择，累积的巨额债务远非债务当事方——基层财政一家所能偿还，需要高端财政的支持，然而高端财政（中央和省级财政）的直接援助又容易引发"道德风险"，类似这样的财政隐性负债将大大地加大财政运行的风险，从而降低义务教育财政供养政策的可持续性；后果之二会出现大量的信息不对称及政府各部门之间激励上的不协调而阻碍按社会和教育发展需求来配置和使用有限的财政资源。因此，在义务教育财政支出绩效评估中,实现绩效导向,遵循绩效管理中的"3E"原则,即"经济性(Economy)"、"效率性(Efficiency)"和"有效性(Effectiveness)"原则,应成为公共教育财政政策评估的基本原则之一。

2.义务教育财政支出绩效评估的要素结构

按照上述的分析,本书把义务教育财政支出绩效评估分为公平性(Equity)、"经济性(Economy)"、"效率性(Efficiency)"和"有效性(Effectiveness)"四个基本要素进行考量。如下图所示:

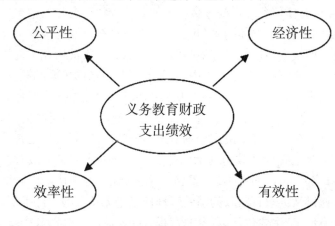

图 3.11　义务教育财政支出绩效评估的要素结构

义务教育财政支出的经济性(Economy)是指义务教育投入成本的降低程度;"经济性"目标就是要以花费最低费用取得一定质量的资源为基本理念,力求达到"节约",它是任何绩效评估工作最为重要的初始动力之一。义务教育财政投入绩效评估遵循经济性原则,主要目的就是解决义务教育财政投入活动中资金严重浪费和资金分配苦乐不均等问题,以便在各层级政府部门及财政投入的教育项目中形成更为有效的投入决策机制和投入优先排序机制。经济性可以确保以尽可能最低的成本购买特定的数量和质量的服务以及获得和维护组织的设备或其他资产。需要的绩效指标包括单位投入成本和投入量与相应的计划的投入成本和投入量的比较。

义务教育财政支出的效率性（Efficiency）是对"以最小的教育投入获得预期产出水平或以既定投入水平获得最大产出效果"的概括。效率指标反映所获得的教学成果与教学过程中的资源消耗之间的对比关系。经济效率是由与资源配置及再配置相关的净收益流量的变化决定的，资源的有效配置就是达到帕累托最优状态，即没有任何资源再配置会在不使其他人状况恶化的情况下促进某些人或某个群体的福利改善，效率概念在收益与成本估计中或投资回报率估计的研究中起中心作用，它常常被用在工程项目的可行性研究中。在经济学中，有关政府与市场的关系问题，以及市场失灵、政府失效问题就是从效率角度来考虑的，市场在公共物品、外部性、规模经济行业以及信息不充分、不确定等情况，需要一种制度安排来解决市场本身所不能解决的问题，这也是政府干预经济的理由及政府活动的范围。在我们研究义务教育绩效时，首当其冲应考虑的便是经济效率的问题，否则从经济学的角度来探讨义务教育财政的绩效管理便是毫无意义的一件事情。考察效率情况，主要包括以下内容：投入初始状况，即资源（资金、人员、技术、设备）的分配、使用情况；项目运行或获得项目产出的程序，即为完成项目所从事的活动、战略及操作过程；产出状况，即通过项目管理的直接控制所形成的产品或服务。另外，对财政支出实施绩效评估，提高效率的含义就不能够只停留于提高义务教育投入——产出比率的层面上，它还要求提高义务教育的各个环节的质量。只有将各个环节有机统一起来，才能获得真正意义上的高水平产出。效率性能够满足在特定要求下投入最少的资源提供一定数量和质量的服务。需要例如生产力标准或衡量单位成本的指标。

义务教育财政支出的有效性（Effectiveness）通常用来描述教

育部门所进行的工作或提供的服务在多大程度上达到了政府义务教育的目标,并满足了公众的需求。"有效性"是基于与预期目标相比较的投入项目或计划的结果的实现程度,重点强调管理的责任性,包括目标的确定、产出和报告以及产出结果的可视性等方面。有效性评估一般在一轮财政支出周期的晚期或结束后进行,如此才能透彻地说明结果的实现程度。它衡量目标达到的程度和一个活动预期的效果与实际效果的关系。

义务教育财政支出的公平性(Equity)根据平等性和差别性原则①,可以分为两个层次:一是教育系统中每个人应该得到享受财政教育支出的相同的机会,尤其是在义务教育阶段表现为不论贫富、种族和性别,所有儿童都能够进入学校接受教育,获得大致均等的财政教育支出。这是从平等性原则出发的支出公平。二是在受教育过程中,政府的公共教育支出应体现对那些在经济、社会或文化方面处于不利状况的学生群体的补偿作用,做到差别性对待,这是从差别性原则出发的支出公平。在义务教育阶段,体现为努力缩小不同地区间和学生群体间的支出差距,财政教育支出应该向处于不利状况的学生群体或地区倾斜;在非义务教育阶段,则充分体现为在现有入学体制下,所有有资格接受该级教育的学生都能接受教育,对家庭经济困难导致不能入学的,政府应对他们提供财政资助。

经济性、效率性和有效性、公平性四者之间彼此相互关联,缺一不可。如果不考虑质量、消费者满意等有效性因素而一味追求

---

① 著名哲学家罗尔斯在论述公平时采用了两个基本原则:平等性原则和差别性原则。平等性原则要求社会的每个公民都拥有同样的基本权利,享受某方面同等的自由;而差别性原则则承认人们在社会地位或分配等方面是不平等的,但是,这种不平等应该对每个人最有利,尤其是要让处境最不利人群的福利得到改善。遵循这两个原则,我们可以知道,教育公平不仅要体现出每个公民都同等地享有接受教育的基本权利,而且还应当同不利人群或弱势群体享受教育资源的多少联系起来,真正实现教育公平就应要求在分配教育资源时对教育弱势群体进行倾斜,实现对弱势群体的"优先扶持",用对待强势群体和弱势群体的不平等的手段达到真正的教育公平的目的。

节约、效率,则会导致组织偏离自己的目标;而为了取得目标却不计成本、不惜代价、不考虑效率,将最终导致组织资源的浪费和不足;而一味地追求经济、效率,不考虑公平,又会导致马太效应的出现。因此,在经济性、效率性、有效性和公平性的关系上,最终体现了资金价值和社会价值理念,即在公共组织管理过程中追求"不断增加资金价值和社会价值的过程"。资金价值标准和理念,反映了公共支出绩效管理中的总体绩效标准,它要求组织根据经济性、效率性和有效性的标准来获取资源和使用资源,以实现组织的目标要求。社会价值标准,体现了公共支出的社会责任。经济性、效率性、有效性和公平性的这种关系,实际上就构成了公共支出绩效评估活动中的逻辑价值标准体系。用这种多元价值的标准体系来取代传统模式下的单一财务和财政考核指标,可以更好地体现管理责任,从而使"被授权的管理者根据既定的绩效标准完成既定的任务"。[①]

(二)义务教育财政支出绩效评估指标的遴选原则

既然义务教育财政支出绩效指标是度量义务教育绩效优劣的一个有效工具,使这种测度工具有效而可信,那就必须保证测评结果全面、客观、准确反映义务教育的实际水平与发展趋势。在绩效指标设计上,英美等国家普遍遵循的基本原则可以概括为一个由英文大写字母组成的单词"SMART"。"S"代表"specific",要求绩效指标应该是"具体的"、"明晰的"、"切中目标的",而不是"模棱两可"或者"抽象的"。"M"代表"measurable",要求绩效指标最终是"可衡量的"、"可评价的",能够形成数量指标或行为强度指标,而不是"笼统的""主观的"描述。"A"代表"achievable",要求绩效指标是"能够实现的",而不是"过高过低"或者不切实际的。

---

① Iaaac-Henry , Kester, Chris Painter and Chris Barrnes ,1997, "Management in the Public Sector :Challenge and Change (second edition),London:Thomson Business Press,P.83.

"R"代表"realistic",要求绩效指标是"现实的",而不是"凭空想象的"或者"假设的"。"T"代表"timebound",要求绩效指标具有时限性,而不仅仅存在模糊的时间概念或不考虑完成期限。[①]

世界银行同时认为过度依赖绩效指标会存在视野狭窄(看到绩效指标的正面作用而忽视了它的负面作用)、固化测量(为了评价而评价,而不着眼于服务本身)、短期化倾向(关注长期化目标不够,或者仅仅关注狭窄的政府活动范围,不再放眼于宽泛的政府目标,造成公共服务质量的低水平供给)、行为的策略性管理(为了达到容易获得的目标,故意在绩效水平之下设置目标或其他)、数据的误用或者故意扭曲使用(对数据进行处理,然后对绩效进行测量)、坚守绩效目标(绩效目标设置不具有灵活性)、腐败和丧失信心(提供公共服务的人员认为目标远远比服务本身重要)[②]。为了克服这些问题,沙德认为设计绩效指标的时候要遵守以下几个原则[③],也就是 CREAM 原则(CLEAR,RELEVANT,ECONOMIC,ADEQUATE,MONITORABLE):相关和有用:评价应该与项目相关,并反映项目的主要目标和目的,管理者的绩效测量应该界定于它们能够控制的领域。清晰和可以理解:绩效衡量应该简单,容易被使用者理解。成本有效性:绩效衡量应该建立在合理成本的基础上。引入绩效衡量所需数据的收集成本和管理系统相对于收益来讲应该现实。可以监控结果:为了持续系统的评价绩效,绩效评价措施需连续在单位之间使用。信息充分:能够提供评价绩效的基础。

在上述原则的基础上,针对中国的具体实际,本书认为评估

---

① 刘旭涛.政府绩效管理:制度、战略与方法[M].机械工业出版社,2003:182.

② Richard Allen and Daniel Tommasi,2001,"Managing Public Expenditure –A Reference Book for Transition Countries",OECD,P.365.

③ Shand, David,1998, The Role of Performance Indicators in Public Expenditure Management. PREM Seminar Series, February. Washington, DC: World Bank.

指标的遴选应该遵循以下六项基本原则：

1.系统性原则。义务教育财政支出绩效评估系统是由上述的四个方面的考量所集成的，各个绩效评估子系统必须采取一些相应指标才能反映出来，这就要求所建立的评估指标体系具有足够的涵盖面，能够充分反映绩效的系统性特征。同时，评估体系并不是评估指标的简单堆积，为了清晰而便于评估，应该按某些原则合理地将评估指标分为目标层、准则层与指标层等若干层次。系统性原则意味着评估指标体系要能够反映充分的信息量，N 个评估指标之间相互独立，构成一个 N 维空间，空间中的每个点都对应着绩效的一个状态；由若干个相互独立的评估指标群综合成一个完整的评估指标体系，用来测度和评估绩效的整体水平。

2.可操作性原则。评估指标体系建立的目的主要是在绩效评估中得到应用。这就要求所建立的指标体系具有可行性和可操作性，指标的数据易采集，计算公式科学合理，评估过程简单，利于掌握和操作。主要包括三个方面的内容：一是数据资料的可获得性，数据资料尽可能通过查阅全国性和地方性统计年鉴和各种专业年鉴(如地区统计年鉴、教育统计年鉴、教育经费统计年鉴)等获得，或者是现有资料上通过简单加工整理获得；或者通过实地调研的问卷调查和现场访谈获得。二是数据资料可量化，指标体系应以定量指标为主体，定性指标不可量度，一直以来是准确测评绩效的难点之一。在本书指标体系的设计过程中，我们力图突破这一难点，坚持所选择的指标必须是可量度的，并且是能够实际取得的数据。为了达到这一目的，尽力避免以评估者的主观判断代替客观度量，我们把政府目标尽可能量化，或在不对测评结果造成影响的情况下用可量化的指标来取代原来使用的定性指标。而对于某些定性化指标，如义务教育实际效果等，我们采用了"群众满意度"的测评形式，用样本内群众的满意比率来表示义务教育的实际效果。三是指标体系的设置应尽量避免形成庞大的指标群或层次复杂的指标树,指标尽可能少而精。

3.指导性原则。义务教育绩效评估的目的就是通过绩效评估,获得有效的绩效信息,了解和把握被评估地区义务教育的发展现状和存在的问题,发现问题,找出问题所在,通过提高义务教育财政投入的数量和提升财政绩效管理水平来改进义务教育的服务效率和质量。因此,评估指标的选择必须有利于实现绩效评估的目的,其作用不仅仅为了考评而考评,还能够指导实际的工作。

4.有效性原则。有效性原则是指所构建的评估指标体系必须与所评估对象的内涵和结构相符合,能够真正反映义务教育的实际,体现财政支出绩效的本质或主要特征。如果所设计的绩效评估体系反映的是义务教育其他方面的特征,例如,课程设置是否合理、学校管理能力,而不是义务教育财政绩效,那么这种评估体系可以说是无效的。在心理测量学上,人们通常用效度来表示评估体系的有效性好坏。所谓效度就是指用该评估指标体系究竟在多大程度上能够真正测量到想要测量的东西, 即测量的有效程度。从统计学上讲,效度是指测量结果与某种外部标准之间的相关程度,相关度越高,则表明测量结果越有效,根据研究目的的不同,效度评估通常有多种方法,常用的方法有内容效度、预测效度、构思效度、聚合效度、辨别效度和效标关联效度等。

5.可比性原则。必须明确评估指标体系中每个指标的含义、统计口径、时间、地点和使用范围,以确保评估结果能够进行横向与纵向比较,以便更好地了解和把握不同发展地区义务教育绩效评估的实际水平和变化趋势。在进行绩效评估时,为了确保可比性,评估指标应尽量采用相对指标,少用绝对指标。

6.动态性原则。义务教育财政支出绩效往往是一个动态的累积过程,它对财政支出变化的反映往往具有滞后性的特点,不易在较短时间内取得其真实值,因此在选择评估指标时,既要有测度义务教育财政支出总量、义务教育绩效实际水平的静态指标,也要有反映义务教育财政支出增量和义务教育绩效发展趋势的动态指标,能综合反映绩效发展的现状与未来趋势。此外,由于评估系统内部的各个因素及外部环境总是处于不断的发展变化之中,导致义务教育财政支出的内涵与结构也会不断发生变化,因此所设计的评估指标也不能保持长期不变,应根据所处发展阶段的不同对评估指标进行适当的调整。

(三)义务教育财政支出绩效评估指标体系的理论构建

结合上述国内外义务教育财政支出绩效评估指标,并多方征求专家意见后,本书按上一章所论述的 CIP 评估模式,参考上节所述的"4E"要素,根据第一章所阐述的有关义务教育相关理论、公共财政学理论、绩效管理理论,并结合中国义务教育的实际情况构建了一个由评估目标、评估因素和具体评估指标所构成的评估义务教育财政支出绩效的第一轮评估体系。它由教育经济环境、财政投入、义务教育数量产出和义务教育质量产出 4 个评估因素构成,如表 3.10 所示[①]:

表 3.10　义务教育财政支出绩效评估第一轮评估指标

评价领域	评估指标	变量标识	单位
义务教育经济环境(Context)	9 个指标		
	GDP 总量	X1	万元
	财政收入	X2	万元
	农民纯收入	X3	元
	人均 GDP	X4	元
	人均财政收入	X5	元
	农民人均纯收入	X6	元
	城镇人口比例	X7	%
	一次产业占 GDP 百分比	X8	%
	农村居民家庭恩格尔系数	X9	%

① 在选取义务教育质量产出的指标时,本书由于受数据收集的限制并没有考虑其他义务教育类研究文献中提及的诸如义务教育对社会贡献度、义务教育对经济贡献度、义务教育阶段收益率、义务教育人力资源贡献度等衡量义务教育阶段人力资本产出的指标。而就保留下来的三个衡量义务教育质量满意度的三个软指标(家长对教学质量的满意度、义务教育政策知晓度、家长对教育政策落实情况的满意度)也是从《农村义务教育状况调查问卷》中的相关问题中筛选出来的。

续表

义务教育财政投入(Input)	17 个指标		
	义务教育经费占 GDP 的比例	X10	%
	预算内教育经费占 GDP 的比例	X11	%
	预算内教育经费占财政支出比例	X12	%
	预算内教育经费占财政收入比例	X13	%
	财政拨款占义务教育投入的比例	X14	%
	非财政拨款占义务教育投入的比例	X15	%
	义务教育财政拨款中本级财政投入比例	X16	%
	预算内教育经费增长比例	X17	%
	财政收入增长比例	X18	%
	义务教育经费增长与财政收入增长之比	X19	%
	义务教育财政支出中教师工资支出比例	X20	%
	义务教育财政支出中公用经费支出比例	X21	%
	义务教育财政支出中基建支出比例	X22	%
	生均预算内教育事业费	X23	元
	生均预算内教育事业费增长比例	X24	%
	生均预算内公用经费	X25	元
	生均预算内公用经费增长比例	X26	%
义务教育数量产出(Output)	15 个指标		
	平均每校学生数(初中)	X27	人
	小学入学率	X28	%
	初中入学率	X29	%
	初中毕业考试合格率	X30	%
	专职教师比例	X31	%
	专职教师学历合格率	X32	%
	师生比	X33	—
	危房比例	X34	%
	15 周岁人口初等义务教育完成率	X35	%
	17 周岁人口初级中等教育完成率	X36	%

续表

义务教育 数量产出 （Output）	15 岁人口非文盲率	X37	%
	生均校舍	X38	平方米
	青壮年扫盲率	X39	%
	初中生均图书	X40	册
	初中辍学率	X41	%
义务教育 质量产出 （Outcome）	4 个指标		
	高中毛入学率	X42	%
	家长对教学质量的满意度	X43	%
	义务教育政策知晓度	X44	%
	家长对教育政策落实情况的满意度	X45	%

三、义务教育财政支出绩效评估指标体系的实证筛选

上述所建立的理论中的义务教育财政支出绩效评估指标体系,是依据义务教育财政支出绩效评估的内涵和要素,并参考国内外该领域大量研究成果后构建的,仅仅体现了笔者本人的认识和构思,具有较强的主观色彩,因此很有必要对理论遴选的指标进行隶属度分析、相关分析等实证遴选,以增强评估指标的科学性、合理性和可操作性。

（一）义务教育财政支出绩效评估指标的隶属度分析

笔者从北京、天津、陕西、四川、河南、山西等省市选取 100 多位专家进行了关于上述指标体系的第一轮的优选调查,选取的调研对象主要来自两部分:高等学校的研究者和政府教育部门的实践者。高等院校的专家大多长期从事教育经济学、教育财政学和社会学的研究工作,因此对义务教育绩效评估有较深厚的学理研究;政府教育部门的工作人员大都亲身致力于教育的管理与服务工作,因而,对实践中的教育财政支出活动较为了解。这样选取的目的在于从不同的角度对义务教育财政支出的绩效考评指标内容做出评价,以求更加全面与合理。虽然专家的选择具有主观性,

是专家本人知识与经验的反映,但集成多数专家的意见,通过数据处理后,可以在一定程度上化主观为客观。根据专家的意见,删除一些不能较好地反映义务教育财政支出绩效的评估指标,可以有效地改善评估指标的质量,增强评估指标的科学性和合理性。

笔者将理论遴选的评估指标制成专家咨询表,采用电子邮件、邮局邮寄、现场访谈和专家会议等多种形式,把专家咨询表送给专家、要求各参与者从自己的知识、经验出发,从所列示的45个指标中选出其认为最能对义务教育财政支出绩效水平做出反映的20个指标。笔者共发放105份调查问卷,回收98份,其中有效卷88份。我们根据该88份有效问卷进行第一轮的分析。

为了深入分析各位专家对理论遴选评价指标的总体看法,笔者以回收的有效专家咨询表为基础,对评估指标进行隶属度分析。隶属度这个概念来自于模糊数学。模糊数学认为,社会经济生活中存在着大量的模糊现象,其概念的外延不是很清楚,无法用经典集合论来描述。某个元素对于某个集合(概念)来说,不能说完全是否属于,只能说在多大程度上属于。而元素属于某个集合的程度称之为隶属度。因此,在社会科学研究中,隶属度是用来分析某一具体指标对拟测评目标的测评能力的一个概念。如果把绩效评估体系$\{X\}$视为一个模糊集合,把每个评价指标视为一个元素,那么我们可以对每个评价指标的隶属度进行分析。假设在第i个评价指标X_i上,专家选择总次数为M_i,即总共有M_i位专家认为X_i是测度地方政府绩效水平的重要评价指标,那么该评价指标的隶属度为:$R_i=M_i/91$。若R_i值很大,表明该指标在很大程度上属于模糊集合,即该评估指标在评估体系中很重要,可以保留下来进入第二轮评价体系;反之,该评价指标有必要予以删除。通过对88份有效专家咨询表的统计分析,分别得到了45个评估指标的隶属度。删除了隶属度低于0.3的14个评估指标(见表3.11),保留了其中的31个评估指标,构成义务教育财政支出绩效评估的第二轮评估体系。

表 3.11　第一轮评估体系中被删除的隶属度低于 0.3 的 14 个指标

剔除的指标	评估指标	变量标识	单位	隶属度
义务教育 经济环境	2 个指标			
	农民纯收入	X3	元	0.235
	一次产业占 GDP 百分比	X8	%	0.118
义务教育 财政投入	6 个指标			
	预算内教育经费占 GDP 的比例	X11	%	0.294
	非财政拨款占义务教育投入比例	X15	%	0.176
	财政收入增长比例	X18	%	0.294
	义务教育财政支出基建支出比例	X22	%	0.235
	生均预算内教育事业费增长比例	X24	%	0.294
	生均预算内公用经费增长比例	X26	%	0.176
义务教育 数量产出	5 个指标			
	危房比例	X34	%	0.059
	生均校舍	X38	平方米	0.294
	青壮年扫盲率	X39	%	0.235
	初中生均图书	X40	册	0.294
	初中辍学率	X41	%	0.235
义务教育 质量产出	1 个指标			
	义务教育政策知晓度	X44	%	0.294

表 3.12　经过专家筛选的第二轮评估指标 X(2)

评价领域	评估指标	变量标识	单位
义务教育 经济环境	7 个指标		
	GDP 总量	S1	万元
	财政收入	S2	万元
	人均 GDP	S3	元
	人均财政收入	S4	元
	农民人均纯收入	S5	元

续表

	城镇人口比例	S6	%
	农村居民家庭恩格尔系数	S7	%
义务教育财政投入	11 个指标		
	义务教育经费占 GDP 的比例	S8	%
	预算内教育经费占财政支出比例	S9	%
	预算内教育经费占财政收入比例	S10	%
	财政拨款占义务教育投入的比例	S11	%
	义务教育财政拨款中本级财政投入比例	S12	%
	预算内教育经费增长比例	S13	%
	义务教育经费增长与财政收入增长之比	S14	%
	义务教育财政支出中教师工资支出比例	S15	%
	义务教育财政支出中公用经费支出比例	S16	%
	生均预算内教育事业费	S17	元
	生均预算内公用经费	S18	元
义务教育数量产出	10 个指标		
	平均每校学生数(初中)	S19	人
	小学入学率	S20	%
	初中入学率	S21	%
	初中毕业考试合格率	S22	%
	专职教师比例	S23	%
	专职教师学历合格率	S24	%
	师生比	S25	—
	15 周岁人口初等义务教育完成率	S26	%
	17 周岁人口初级中等教育完成率	S27	%
	15 岁人口非文盲率	S28	%
义务教育质量产出	3 个指标		
	高中毛入学率	S29	%
	家长对教学质量的满意度	S30	%
	家长对教育政策落实情况的满意度	S31	%

注:为了每一轮指标便于区分,下面每一轮的指标调整过程对变量标示均进行了重新标注,标注方式为第二轮指标标注选取 SECOND 的字头 S,第三轮的指标标注选取 THIRD 的字头 T,第四轮为理论筛选的最后一轮,故指标标注选取 VARIABLITY 的字头 V。

(二)义务教育财政支出绩效评估指标的相关分析

经过专家筛选的第二轮评估指标 X(2)中,一些评估指标之间很可能存在着高度的相关性,这种高度的相关性会导致被评估对象信息的过度重复使用,从而极大地降低评估结果的科学性和合理性。相关分析是通过对评估指标之间的相关系数的测定,删除一些隶属度低而且与其他评估指标高度相关的指标,以消除或降低评估指标重复反映评估对象信息而带来的对评估结果的影响。

通过 EXCEL 软件中的"工具"菜单"数据分析"中的相关系数分析功能,对第二轮评估指标 X(2)中的部分数据进行相关分析,寻找出相关系数大于临界值的几组指标,并按照相关指标中剔除隶属度相对较低的指标的原则,得出了下表中需要保留和需要提出的指标,详见下表。最终删除了 4 个相关性较高且隶属度较低的评估指标,保留了其中的 27 个评估指标,构成义务教育财政支出绩效评估的第三轮评估体系。

表 3.13　相关系数大于临界值的评估指标

保留的评估指标	删除的评估指标	相关系数	临界值	保留指标隶属度	删除指标隶属度
人均 GDPS3	GDP 总量 S1	0.9503	0.805	0.5882	0.4706
财政收入 S2	人均财政收入 S4	0.8389	0.805	0.5882	0.4118
生均预算内公用经费 S18	生均预算内事业费 S17	0.8728	0.805	0.5294	0.4118
预算内教育经费占财政支出比例 S9	预算内教育经费占财政收入比例 S10	0.9134	0.805	0.8235	0.4706

注:临界值的取值为 v=3,α=0.1。

表 3.14 剔除相关性较高指标后的第三轮评估指标 X(3)

评价领域	评估指标	变量标识	单位
	5 个指标		
义务教育 经济环境	财政收入	T1	万元
	人均 GDP	T2	元
	农民人均纯收入	T3	元
	城镇人口比例	T4	%
	农村居民家庭恩格尔系数	T5	%
	9 个指标		
义务教育 财政投入	义务教育经费占 GDP 的比例	T6	%
	预算内教育经费占财政支出比例	T7	%
	财政拨款占义务教育投入的比例	T8	%
	义务教育财政拨款中本级财政投入比例	T9	%
	预算内教育经费增长比例	T10	%
	义务教育经费增长与财政收入增长之比	T11	%
	义务教育财政支出中教师工资支出比例	T12	%
	义务教育财政支出中公用经费支出比例	T13	%
	生均预算内公用经费	T14	元
	10 个指标		
义务教育 数量产出	平均每校学生数(初中)	T15	人
	小学入学率	T16	%
	初中入学率	T17	%
	初中毕业考试合格率	T18	%
	专职教师比例	T19	%
	专职教师学历合格率	T20	%
	师生比	T21	—
	15 周岁人口初等义务教育完成率	T22	%
	17 岁人口初级中等教育完成率	T23	%
	15 岁人口非文盲率	T24	%
	3 个指标		
义务教育 质量产出	高中毛入学率	T25	%
	家长对教学质量的满意度	T26	%
	家长对教育政策落实情况的满意度	T27	%

（三）义务教育财政支出绩效评估指标的鉴别力分析

在构建评估体系中所遇到的另一个不可回避的问题就是评估指标的鉴别力分析。所谓评估指标的鉴别力是指区分评估对象特征差异的能力。义务教育财政支出绩效评估指标的鉴别力则是评估指标区分和鉴别中国不同地区义务教育绩效强弱的能力。如果所有被评估的地区在某个指标上几乎一致地呈现很高（或者很低）的数值，那么即可以认为这个评估指标几乎没有鉴别力，不能判断和识别不同地区义务教育绩效的强弱；相反，如果被评估地区在某个指标上的数值出现明显的不同，则表明这个评估指标具有较高的鉴别力，它能够判断和识别不同地区义务教育绩效的强弱。在评估的指标反应理论（Index response theory）中，通常用指标的特征曲线的斜率作为评估指标鉴别力的参数，斜率越大表明鉴别力就越高。图 3.12 给出了三个评估指标的特征曲线，指标 C 曲线的斜率最大，其次是指标 B，而指标 C 的鉴别力最强，评估指标 A 的鉴别力最差。

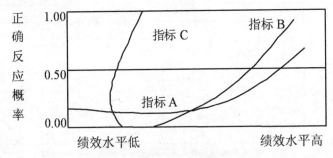

图 3.12　三个评估指标的特征曲线

构造上述的特征曲线需要获取较多的实际数据，这在实证分析中是一件有相当难度的事情。在实际应用中，人们通常用变差系数来描述评估指标的鉴别力，变差系数用评估变量的平均值除以评估变量的标准差而获得。变差系数越大，该指标的鉴别能力就越强;反之,鉴别力则越差。根据实际需要,可以删除变差系数相对较小(即鉴别力较差)的评估指标。根据上述原理,运用EXCEL软件中的"工具"菜单"数据分析"中的"描述统计"功能可以得出相应评估变量的平均值和标准差,然后两者相除,便可得出各个评估变量的变差系数。经过计算删除了4个变差系数较小的评估指标,保留其余的指标构成第四轮评估体系 X(4)。

表 3.15　变差系数相对较小(鉴别力较差)的评估指标

被删除的指标	变差系数
小学入学率 T16	0.0020
初中入学率 T17	0.0073
15 周岁人口初等义务教育完成率 T22	0.0012
15 岁人口非文盲率 T24	0.0075

第四轮评估体系由评价领域和评估指标构成,共有 23 个评估指标。在 23 个指标中,21 个指标属于正向指标,即指标值越高越好,2 个逆向指标(指标后面注有"*"),即指标值越小越好,如表 3.16 所示。

1.评估义务教育经济环境绩效的指标有 5 个,主要包括:财政收入、人均 GDP、农民人均纯收入、城镇人口比例、农村居民家庭恩格尔系数。

2.评估义务教育财政投入绩效的指标有 9 个,主要包括:义务教育经费占 GDP 的比例、预算内教育经费占财政支出比例、财政拨款占义务教育投入的比例、义务教育财政拨款中本级财政投入比例、预算内教育经费增长比例、义务教育经费增长与财政收入增长之比、义务教育财政支出中教师工资支出比例、义务教育财政支出中公用经费支出比例、生均预算内公用经费。

3.评估义务教育数量产出绩效的指标有 6 个,主要包括:平均每校学生数(初中)、初中毕业考试合格率、专职教师比例、专职教师学历合格率、师生比、17 周岁人口初级中等教育完成率。

4.评估义务教育质量产出绩效的指标有 3 个,主要包括:高中毛入学率、家长对教学质量的满意度、家长对教育政策落实情况的满意度。

表 3.16　剔除鉴别力较差的评估指标后的第四轮评估指标 X(4)

评价领域	评估指标	变量标识	单位
义务教育经济环境 A1	5 个指标		
	财政收入	V1	万元
	人均 GDP	V2	元
	农民人均纯收入	V3	元
	城镇人口比例	V4	%
	农村居民家庭恩格尔系数 *	V5	%
义务教育财政投入 A2	9 个指标		
	义务教育经费占 GDP 的比例	V6	%
	预算内教育经费占财政支出比例	V7	%
	财政拨款占义务教育投入的比例	V8	%
	义务教育财政拨款中本级财政投入比例	V9	%
	预算内教育经费增长比例	V10	%
	义务教育经费增长与财政收入增长之比	V11	%
	义务教育财政支出中教师工资支出比例 *	V12	%
	义务教育财政支出中公用经费支出比例	V13	%
	生均预算内公用经费	V14	元
义务教育数量产出 A3	6 个指标		
	平均每校学生数(初中)	V15	人
	初中毕业考试合格率	V16	%
	专职教师比例	V17	%
	专职教师学历合格率	V18	%
	师生比	V19	—
	17 周岁人口初级中等教育完成率	V20	%
义务教育质量产出 A4	3 个指标		
	高中毛入学率	V21	%
	家长对教学质量的满意度	V22	%
	家长对教育政策落实情况的满意度	V23	%

　　综上所述,经过隶属度分析、专家筛选、相关性分析、鉴别力分析等环节的实证筛选后, 本章最终确定了由 23 个指标组成的义务教育财政支出绩效评估的第四轮评估指标 X(4),其中,衡量义务教育经济环境的有 5 个指标,衡量义务教育财政投入的有9个指标,衡量义务教育数量产出的有 6 个指标,衡量义务教育质量产出的有 3 个指标,这个指标体系的构建为下一章典型农村地区的绩效评估实证分析提供了一个有效的工具。本书第四章将在该评估指标体系的基础上,通过代入实地调研的典型地区农村义务教育财政支出情况的真实数据,来客观地评估样本地区的义务教育财政支出实际绩效。

第四章 适用评估模型的构建与实例分析

○构建有特色的绩效评估模
型的主要步骤
○基于层次分析的绩效评估
综合指数测算
○基于数据包络分析的管理
效率指数测算
○二维绩效评估标准空间
○典型农村地区的实例分析

对于绩效评估的实证分析来说,它实际上是对绩效评估模型的一种逻辑延伸和操作层面的一种细化,它是对理论分析基础上所得出的绩效评估模型的一种现实修正,以确保绩效评估实证结果的可行性和有效性。本章将在第三章对义务教育财政支出绩效理论分析、实证筛选和模型构建原则进行阐述的基础上,利用基于层次分析测算的绩效评估综合指数和基于数据包络分析测算的管理效率指数构筑二维绩效评估标准空间,来具体地建立适合于中国当下国情特征的绩效评估模型,最后导入典型地区的实证数据进行实证分析。

第一节　构建有特色的绩效评估模型的主要步骤

按照笔者在第三章所构建的绩效评估模型及所建立的指标体系中的具体指标进行数据收集,然后利用某种综合评估方法进行评估,通过对比不同地区的评估结果,来比较不同地区义务教育财政支出绩效的相对优劣。这样似乎就可以轻而易举地得到一个能够反映实际绩效的数据结果。然而实际情况并非像想象的那样简单,经过上述的构建指标体系和有效地收集数据并经过某种评估方法的综合计算,确实可以得出一系列具体的计算数值,粗看起来似乎直接通过这些数值的大小的对比就可以得出结论,但事实上这些数值背后所说明的经济含义却不能直接地通过数值的简单排序而直接得到。原因是任何的评估都是相互的,都是对比的,因此伴随而来的一个问题就是通过综合评估指标后得到的绩效结果,是否能全面反映政府绩效?是否能反映当地教育部门自身的努力程度? 结果很显然,对于不同的地区,其原来的基础条件是不同的,也就是说各地经济、社会发展是不平衡的,义务教育事业发展的起点是不一样的,比如说两个地区,前一期的评估结果甲地、乙地的综合指数分别为 80 和 50,可是一年之后,或是一届政府之后,甲地、乙地分别为 85 和 70,很明显甲地的绩效结果确实比乙地好,可是我们能很肯定地得出甲地义务教育绩效就比乙地高的结果吗?前面笔者建立的指标体系只是通过这样一些能够反映绩效的"绝对"指标组成的,但是如果仅仅通过这些来评估义务教育财政支出绩效,其结果是片面的。所以笔者在绩效评估中还引入了动态评估绩效改进努力程度的指标,通过测算其绩效管理的有效性来使我们的评估更加完善。

其基本思路就是,通过二维指标的综合计算来判断不同地区义务教育财政支出绩效的评估结果。首先,用每一年度的横截面指标来衡量基于静态的、存量数据所计算的当前年度不同地区义务教育财政支出绩效的基本状态,进行数据分析和综合打分,得出不同地区的绩效评估状态值;然后,通过不同年度的绩效评估状态值的比较,基于比较所得出的动态的、流量的数据来计算不同地区义务教育财政支出绩效的改进程度,来间接衡量不同地区地方教育部门在义务教育工作方面的努力程度;最后,把静态的状态值作为横坐标、把动态的指标值作为纵坐标,通过状态和主观努力程度两个维度来综合衡量不同地区的义务教育财政支出绩效。具体来说,本书拟构建的义务教育财政支出绩效评估模型通过以下四个步骤来实现:

第一,根据层次分析法测算出绩效评估综合指数。首先,要构建绩效评估指标体系,这是一项关键性的工作,评估的其他工作要在指标体系建立之后才能进行。本书在前一章中已经从理论和实证两个方面构建出了一套绩效评估的指标体系。其次,在绩效评估指标体系的基础上运用层次分析法对各个评估对象近两个评估周期内的工作状况进行测算。前一评估周期的评估指数体现了评价对象以往的绩效状况,即所评估地区义务教育的历史状况,反映了其客观基础条件的优劣,称这个指数为参考指数;第二个评估周期的评估指数是对各地义务教育的当前状况进行测算,得到的指数称为当前指数。由参考指数和当前指数组成的数组称为评价对象的指数状态。

第二,根据 DEA 方法进行二次相对评价的绩效管理效率指数测算。此阶段考虑的是如何根据评估对象指数状态的变化反映其主观努力程度。由于这一过程是在综合指数评估(一次评估)的基础上进一步采用 DEA 方法进行的相对评价,所以称之为二次相对评价。这里会将参考指数作为一种输入,把当前指数作为一种输出,代入查恩斯(A. Charnes)提出的数据包络分析法(DEA)中的模型构造出"指数状态前沿面",再根据被评估对象偏离指数状态前沿面的程度,测算出反映其绩效改进主观努力程度的二次相对评价值。

第三,基于测算出的绩效评估综合指数和反映绩效改进努力程度的二次评估动态指标,本书组成了用以分析不同地区义务教育财政支出绩效评估结果的"二维标准空间",其横轴表示一个地区的绩效评估综合指数的得分,纵轴表示一个地区的绩效管理效率指数的得分,然后将横轴得分所对应的指标值和纵轴得分所对应的指标值交叉,便得到了两项指标得分所构成的评估状态点。

第四,最后在二维评估空间中,本书将通过预先设置的标准来客观分析不同地区最终的绩效评估结果。体现在评估空间中,就是不同地区的绩效评估状态点将分布在不同的绩效表象象限中,这样我们就可以分别按照不同地区在绩效评估综合指数和绩效管理效率指数中的不同得分构成,具体得出四种结果组合,即(综合指数高、管理有效),(综合指数高、管理无效),(综合指数低、管理有效),(综合指数低、管理无效),并在此分析的基础上得出相对应的原因分析和政策建议。

第二节　基于层次分析的绩效评估综合指数测算

义务教育财政支出绩效评估综合指数的测算是通过层次分析法对所建立的绩效评估指标体系进行测算,通过层次分析法的原理测算出各个指标的相对权值。然后通过对收集到的指标数据进行规范化处理来进行综合,最后得出绩效评估综合指数。

一、层次分析法的基本原理

层次分析法是美国著名运筹学家、匹兹堡大学教授萨迪(T.L.

Saaty)于 20 世纪 70 年代创立的一种决策方法。它的核心思想是把复杂的评估问题层次化,在处理复杂的评估(决策)问题中进行方案比较排序,把评估问题按评估目标、评估领域、评估指标的顺序分解为不同层次的结构。由于义务教育绩效评估指标体系是一个具有多层次、多指标的复合体系,在这个复合体系中,各层次、各指标的相对重要性各不相同,难以科学确定。常用的经验估值法、专家确定法等方法存在着较大的局限性,因此通过层次分析法可以构造判断矩阵,先对单层指标进行权重计算,然后再进行层次间的指标总排序,来确定所有指标因素相对于总指标的相对权重。利用层次分析法,不仅可以降低工作难度,提高指标权重的精确度和科学性,而且通过采取对判断矩阵进行一致性检验等措施,有利于提高权重确定的信度和效度,并可以应用计算机来处理数据,具有较强的可操作性。

AHP 方法的基本过程是:

第一步,建立递阶层次结构模型。应用 AHP 分析评估问题时,首先要把问题条理化、层次化,构造出一个有层次的结构模型。这些层次可以分为三类:(1)最高层:这一层次中只有一个元素,一般它是分析问题的评估目标或者理想结果,因此也称为目标层。(2)中间层:这一层次中包含了为实现评估目标所涉及的中间环节,它可以由若干层次组成,包括所需考虑的准则、子准则,因此也称为准则层。(3)最底层:这一层次包括了为实现目标可供选择的各种具体评估指标或措施、决策方案等,因此也称为指标层或者措施层、方案层等。

第二步,构造两两比较判断矩阵,计算单一准则下元素的相对重要性(单层次模型)。构造两两比较判断矩阵的目的就是计算各层中元素相对于上层各目标元素的相对重要性,即建立相对于上层各目标元素的各判断矩阵 A, 如果需要比较 N 个因子 B1, B2,……Bn 对某因素 A 的影响大小,通常采取对因子进行两两比较的办法,建立成对比较矩阵,设 aij 表示因子 Bi 和 Bj 对因素 F 的影响大小之比,再设矩阵 A=(aij)n*n 阵,称 A 为判断矩阵或成对比较矩阵。判断标准通常采用数字 1~9 及其倒数作为矩阵 A 的标度。依据上述分析,对模型中每一层各因素的相对重要性可以用树枝形式给出相应的判断,并写成矩阵形式。判断矩阵中的指标数值可以根据调研数据、统计资料、教育部门的工作报告以及专家意见综合权衡后得出。

第三步,计算层次单排序和进行一致性检验。层次单排序是根据判断矩阵计算对于上一层某因素而言,涉及本层次与之有联系的因素的重要性次序的权重,它可以归结为计算判断矩阵的特征根和特征权向量问题, 即对判断矩阵 A 计算满足 AW=λ maxW 的特征根和特征权向量,并将特征权向量归一化。一般而言,判断矩阵 A 的关于最大特征值 λ max 的归一化特征权向量 Wi=(bi1,bi2,……biN)^T 反映了各因子对某因素的影响权重,即单排序权值。由于受多种主客观因素的影响,判断矩阵很难出现严格一致性的情况。因此, 在得到最大特征值 λ max 后,还需要进行一致性检验。

第四步,计算层次总排序和进行一致性检验。层次总排序需要从上到下逐层进行,对于最高层,它的层次单排序即为总排序。如果上一层所有元素 A1,A2,…,Am 的组合权重已知,其权值分别为 a1,a2,…,am,与 Ai 相应的本层元素 B1,B2,…,Bn 的单排序结果为 b1j,b2j,…,bnj(i=1,2,…,m),若 Bj 与 Ai 无联系时,bij=0。评价层次总排序计算结果的一致性,需计算与层次单排序相类似的检验量。

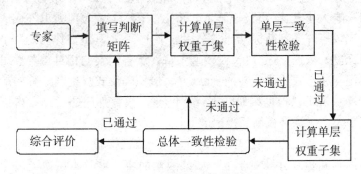

图 4.1 层次分析法的实施流程

二、指标值的标准化处理

构建了指标体系，也计算出了各个指标间的相对权重之后，还面临着两个问题，那就是各个指标间不可公度和数值上相差悬殊的问题，导致数据间不能直接进行综合，这就涉及指标的标准化问题，也就是统计数据的指数化。数据标准化处理主要包括数据同趋化处理和无量纲化处理两个方面。数据同趋化处理主要解决不同性质数据问题，对不同性质指标直接加总不能正确反映不同作用力的综合结果，须先考虑改变逆指标数据性质，使所有指标对测评方案的作用力同趋化，然后再加总，才能得出正确结果。数据无量纲化处理主要解决数据的可比性，在此我们采用指数化处理方法。指数化处理以指标的最大值和最小值的差距进行数学计算，其结果介于 0～1 之间。如果以矩阵形式表示，则可以设 n 为评价对象数，p 为属性数，X_{ij} 表示第 i 个对象第 j 项指标的实测值，$MAX(X_{ij}) = a_j$ 表示第 j 项指标各个对象的最大值；同理有 $MIN(X_{ij}) = b_j$ 表示第 j 项指标各个对象的最小值。将 X 阵中的数据按公式 $X_{ij} = (X_{ij} - b_j)/(a_j - b_j)$ 做标准化处理。如果要具体的计算，则数据标准化具体计算公式如下：

$z_i = x_i - x_{min}/x_{max} - x_{min}$

其中:zi 为指标的标准分数;

xi 为某指标的指标值;

xmax 为全部数据中某指标的最大值;

xmin 为全部数据中某指标的最小值。

经过上述标准化处理后,指标按照自身的内涵,可以分为三类:效益型、成本型和区间型。效益型指标是指取值越大越好的指标,成本型指标是指取值越小越好的指标,而区间型指标是指越接近某个固定区间 $[q_1, q_2]$ 越好的指标。指标指规范化所必须遵循的一个原则,就是对于每个指标,对象全体在规范化前后次序不变,即满足保序性条件。

设 n 为评价对象数,p 为属性数,Xij 表示第 i 个对象第 j 项指标的实测值,$Max(X_{ij})=a_j$ 表示第 j 项指标各个对象的最大值;同理有 $Min(X_{ij})=b_j$ 表示第 j 项指标各个对象的最小值。将 X 阵中的数据做如下规范化处理:

(1)对于效益型指标,处理方法如下:

$X_{ij} = (X_{ij} - b_j)/(a_j - b_j)$

(2)对于成本型指标,处理方法如下:

$X_{ij} = (a_j - X_{ij})/(a_j - b_j)$

(3)对于区间型指标,处理方法如下:(最佳区间为 $[q_1, q_2]$)

$$X_{ij} = \begin{cases} 1 - \dfrac{q_1 - X_{ij}}{\max(q_1 - b_j, a_j - q_2)}, & X_{ij} < q_1 \\[3mm] 1 - \dfrac{X_{ij} - q_2}{\max(q_1 - b_j, a_j - q_2)}, & X_{ij} > q_2 \\[3mm] 1 & , q_1 \le X_{ij} \le q_2 \end{cases}$$

第三节　基于数据包络分析的管理
效率指数测算

　　由于义务教育活动的特殊性,显然地方教育部门和地方政府官员的工作态度、主观努力程度对于绩效的优劣影响很大,处于同一义务教育绩效水平的不同地区由于其地方教育部门和地方政府努力程度不同, 在若干年后义务教育绩效会呈现明显的差别,因此对于主观努力程度的评估就显得非常重要。构造绩效管理效率指数就是要实现剔除客观基础条件的影响,真正反映地方政府主观有效努力的程度。对义务教育财政支出绩效的评估,最终通过它给学生提供了怎样的教育服务, 达到怎样的效果来表现, 而绩效的好坏需要教育部门和地方政府长期持续的主观努力。换句话说,有效的努力能够改变绩效,那么,通过相同时期绩效的变化就能够反映出不同地区地方政府的主观努力程度,体现教育管理的效果。而由教育部门和地方政府的主观努力所带来的绩效的提高,才能从根本上提升一个地区的义务教育水平,这就是引入绩效管理效率指数在义务教育绩效评估中的重要意义。

一、数据包络分析和管理效率指数

　　数据包络分析法(data envelopment analysis,DEA)是美国著名运筹学家查恩斯(A.Charnes)于1978年提出以相对有效概念为基础发展起来的效果评价方法。DEA原型可以追溯到1957年,英国学者费莱尔(Farrell)在对英国农业生产进行分析时提出的包络思想。此后,在运用和发展运筹学理论与实践的基础上,逐渐形成了主要依赖现行规划技术并常常用于经济定量费希德非参数方法。经过美国运筹学家查恩斯和库珀等人的努力,使得非参数方法以数据包络的方式在20世纪80年代初流行起来。因此,DEA有时也被称为非参数方法或Farell型有效方法。

　　DEA 方法是以效率概念为基础,用于评价具有相同类型的多投入、多产出决策单元是否技术有效的一种非参数统计方法。其基本思想是把每一个评价单位作为一个决策单元(decision making units,DMU),再由众多 DMU 构成被评价群体,通过对投入和产出比率的综合分析, 以 DMU 的各个投入和产出指标的权重维变量进行评价运算,确定有效生产前沿面,并根据各 DMU 与有效生产前沿面的距离状况,确定各 DMU 是否对 DEA 有效,同时还可用投影方法指出非 DEA 有效或弱 DEA 有效 DMU 的原因及应改进的方向和程度。由于 DEA 方法不需要预先估计参数,在避免主观因素和简化运算、减少误差等方面有着不可低估的优越性,该方法近年来被广泛运用到技术和生产力进步、技术创新、关于成本收益利润问题、资源配置、金融投资、非生产性等各个领域,进行有效性分析,从而进行评价决策。

　　效率就其含义而言是在业务活动中投入与产出或者成本与收益之间的对比关系,从本质上效率是资源的有效配置、市场竞争能力、投入产出能力和可持续发展能力的总称。根据研究目的不同,评价对象的效率可以从不同的角度去衡量。因此,在 D E A 分析中,主要运用技术效率和规模效率,以及二者结合的综合效率来衡量输出结果的有效性。规模效率(Scale Efficiency ,简记为 SE), 是研究生产经营规模与经济效益关系的一个重要指标, 它反映的是被评价对象生产规模的有效程度, 即反映了被评价对象是否在最合适的投资规模下进行经营。对于义务教育的效率评价而言,规模效率能够反映教育运营(资金、人员投入情况以及设备购置)是否是在最合适的规模下进行的。而技术效率(Technical Efficiency ,简记为 TE)是指在假定投入要素不变的情况下, 被评价对象的实际产出与同样投入情况下最大产出之间的比值。技术效率能够反映教育运营过程中现有技术利用的有效程度, 即在给定投入的情况下各学校获取最大产出的能力。规模技术效率(简记为 STE)又称为综合效率,它反映的是技术效率和规模效率的总体状况,其计算公式是:STE=TE·SE。一般来说,当某被考察对象的综合效率值为1时,该对象的效率被认为是DEA有效的。只有当被考察单元同时达到技术有效和规模有效时,其综合效率才是有效的。

在对评估对象建立测评的指标体系之后,采用已有的一些评估方法对评估对象的状况进行评估,得到的指数反映了被评估对象的客观基础条件的优劣,我们称之为综合评估指数。显然,该指数状态反映的是被评估对象一个时期内静态的义务教育实力水平。然而这里并没有反映一个地区教育部门对义务教育绩效改进的动态管理和努力程度。由于在本书的绩效评估指标体系中,一个地区的经济存量对义务教育绩效的影响程度还是很大的,所以也许一个地区在一定时期内义务教育绩效得分高仅仅是因为当地的经济发展水平相对较好,即我们常说的"吃老本",而另一个地区在一定时期内义务教育绩效得分低,也许是因为受到经济落后的拖累。因此,只用反映义务教育的存量水平来对绩效结果进行排名是有问题的,这样的结果并不能全面地反映一个地区的义务教育真实绩效。所以,本书引入了第二个指标绩效管理效率指数来弥补绩效综合指数的不足。用经济环境指标束和财政投入指标束作为输入,用义务教育数量产出指标束和义务教育质量产出指标束为输出,采用DEA方法确定被评价单位的动态努力程度评价值,即测算绩效管理效率指数。

DEA通过将参考指数作为横坐标X,把当前指数作为纵坐标Y。假设有三个被评估对象参加评估,它们的指数状态分别是A$(x1,y1)$,B$(x2,y2)$,C$(x3,y3)$,它们的平面坐标的位置如图4.2所示。评价对象B的参考指数介于评价对象A、C之间,即X1<X2<X3。如果评价对象B的指数状态低于A$(x1,y1)$与C$(x3,y3)$的连线AC中相对应的B′点,那么可以认为评价对象B的有效主观努力程度不如评价对象A与C。我们可以在平面坐标上标

出所有被评价对象的指数状态,采用数据包络分析(DEA)方法可以得到指数状态可能集的前沿面。任何被评价对象 (X, Y) 均介于某两个处于前沿面的被评对象之间,将该被评对象的当前指数 y 在前沿面上的对应值记为 y' ,y 与 y' 的比值 η 可作为有效努力程度的一种度量。

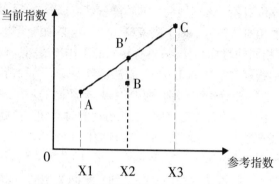

图 4.2 被评对象绩效努力程度的几何解释

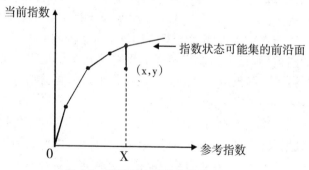

图 4.3 指数状态可能集的前沿面

二、绩效管理效率指数的测算

为测算绩效管理的效率指数,我们需要完成以下几项工作:

明确评价目标。数据包络分析(DEA)方法的基本功能是"评价",特别是进行多个同类样本间的"相对优劣性"的评价。应用数据包络分析模型对不同地区义务教育财政支出绩效进行评估,可以以某个时期的数据为基础进行自我测评,也可以以其他的已知数据为基础进行对比测评。

划分决策单元。利用 DEA 模型评价义务教育财政支出绩效,首先必须明确模型的决策单元(Decision Making Unit,简称 DMU),也就是评价对象。该模型最大的功能就是可以分析不同的决策单元之间的相对有效性。多个决策单元的选定必须满足以下三个要求:具有相同的目标和任务;具有相同的工作环境;具有相同的投入和产出指标等。实际工作中,通常要考虑以下两种情况:第一,用 DMU 的物理背景来判别,即 DMU 具有相同的环境、相同的输入和相同的任务等。第二,用 DMU 活动的时间间隔来构造,例如有一个投资周期时间间隔为[T,0],现将[T,0]q 等分,由于每个等分中的投资过程都是原来过程的一部分,因此如果将每个等分视为一个 DMU,则可认为我们一共得到 q 个同类型的 DMU。另外,在运用 DEA 进行数据分析时,还应当注意,如果将较多的 DMU 放在一起组成一个参考集时,"同类型"反映得不够充分。但若将它们按一定特性分成几个子集,则每个子集内的 DMU 较好地体现出"同类型",这样,我们可以分别对这几个子集进行 DMU 分析,再将分析结果或者独立地或者综合地进行再分析,这样做往往能够得到一些新的有用的信息。

确定评价指标体系。DEA 模型是利用决策单元的投入和产出指标数据对评价单元的相对有效性进行评定,因此,指标体系的科学确定是运用该模型的基本前提。在确定指标体系时,应充分考虑决策单元之间的一致性,充分反映评价目的,投入和产出的指标数量要达到一定规模,而且应充分避免输入和输出指标体系内部的强线性关系。指标体系之间交叉、重复、冲突将会影响到评价结果的科学性。指标的确定还要考虑指标的重要性、可获得性、可操作性和针对性。在这方面,有以下两点值得注意:第一,要考虑到能够实现评价的目的,也就是说输入向量与输出向量的选择要服务、服从于之前确定的评价目的。为了做到这一点,需要把评价目的从输入和输出两个不同的侧面分解成若干个指标,并且该评价目的的确能够通过以这些输入向量和输出向量构成的生产过程在"黑箱"意义下加以描述。第二,要能够全面反映评价目的。一般来说,一个评价目的需要多个输入和多个输出才能较为全面地描述,缺少某个或某些指标常会使评价目的不能完整地得以实现。例如,在某个指标体系中新增加一个输出指标,原来的非有效DMU变成了有效的DMU,或是在原指标体系中去掉一个输出指标,原来有效的DMU变成非有效的了,这都表明这些变动的指标对这些DMU来说都是"生产过程"中的强项,同时也可以看出,它们对评价目的的反映具有较大的影响,换言之,缺少了这些指标,也就不能够全面地反映评价目的。

构建评价模型。设由AHP法等方法确定的n个测评单位的指数状态为(X_j, Y_j),$j=0,1,2,\cdots,n$,按照DEA模型原理可以建立指数状态可能集T:

$$T = \left\{ (x,y) \middle| \sum_{j=1}^{n} \lambda_j x_j \leq x, \sum_{j=1}^{n} \lambda_j y_j \geq y, \sum_{j=1}^{n} \lambda_j = 1, \lambda_j \geq 0, j = 1, 2, \cdots, n \right\}$$

其中,$(X_0, Y_0)=(0, 0)$。

于是,对任意固定的J_0,通过求解线性规划问题:

MAXZ

s.t. $\sum \lambda_j X_j \leq X_j$ ($j=0$-N)

$\sum \lambda_j Y_j \geq Z y_j$ ($j=0$-N)

$\sum \lambda_j = 1$ ($j=0$-N)

$\lambda_j \geq 0$, $j=0, 1, \cdots, N$

对任意固定的j_0,如果线性规划的最优值$Z_0=1$,则该测评单位处在指数状态可能集T的前沿面上。一般地,若Z_0是线性规划的最优值,令$\bar{x}_{j_0} = x_{j_0}, \bar{y}_{j_0} = y_{j_0}, (\bar{x}_{j_0}, \bar{y}_{j_0})$为第$j_0$个测评单位的指数状态$(X_{j_0}, Y_{j_0})$在指数状态可能集前沿面上的投影。由 $\eta = y_{j_0}/\bar{y}_{j_0} = 1/z_0$ 可以得到各测评单位的二次相对评价值。二次相对评价值满足治理有效性的定义要求,我们把它作为管理效率指数的度量。

第四节 二维绩效评估标准空间

通过层次分析法测算出了两个评估期内的县域义务教育绩效评估综合指数,然后指标体系中的义务教育经济环境和财政投入两大指标束为输入,义务教育数量产出和质量产出为输出,运用DEA模型测算出这个地区管理效率指数之后,就形成了一个由综合评估指数和管理效率指数组成的绩效二维空间。

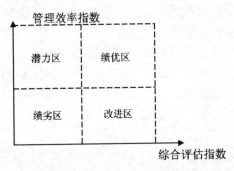

图4.4 义务教育财政支出绩效评估二维空间图

我们可以在平面坐标中来看,以当前指数为横轴,以管理效率指数为纵轴,建立二维空间,通过这两个维度可以组成一个平面,我们把该平面划分为四个区,分别为:绩优区、潜力区、改进区和绩劣区(如图4.4所示)。这里需要说明的是,在图4.4中,并没有明确地标明划分四个区域的纵轴和横轴的标准阀值。这是因为划分客观评估标准本身就是一个满含争议和值得商榷的议题。是以"30"、"50"、"70"还是以"40"、"60"、"80"作为分界线,理论界尚没有一个统一的说法,加之本书是由于后文的实证案例的需要迫不得已要设定一个评估标准,所以,这个标准的设定就必然有一些主观人为因素穿插其中。因此,本书虽设定横轴和纵轴的四个区域的划分界限为 50,但是这样的设定也只是一家之言,还有待今后的深入研究。

绩优区是管理效率指数和综合评估指数双高的区域。在该区域中,综合评估指数和绩效管理有效性系数均较高,说明处于该区域的评估对象不仅取得了相对较高的绩效,而且剔除客观基础来说,教育部门经过努力所取得的管理效果也较高,处于该区的评估样本无论是在义务教育财政投入的绝对量上,还是在财政资金投入的管理和使用效率上,得分都相对较高,这说明在评估期间内的几年时间中处于该评估区域的样本义务教育的发展处在一个良性的绩效优化循环中。

潜力区是管理效率指数相对较高而综合评估指数相对较低的区域。处于该区的教育部门,其管理效率指数较高,而综合评估指数还不够令人满意。说明处于该区的教育行政部门,虽然已经主观上认识到了通过优化财政资金的使用效率来提升教育财政支出绩效的重要性,并经过努力在原来的参考指数的基础上取得了较大的成绩,但是,由于当地经济实力的制约和上级转移支付资金的不足,使得当地用于教育的实际财政资金绝对量相对较少,从而导致了当前综合绩效水平的相对绩差,该区的教育管理属于"巧妇难为无米之炊"型。因此,对于处于该区域的样本地区,应更为重点地通过增加教育财政资金供给的绝对量来提升当地的义务教育绩效,并通过延续该地区教育部门较为有效的财政资金管理的方法,按照这个管理思路继续努力,那么这些地区将在未来的时间内进入绩优区。

改进区是管理效率指数相对较低而综合评估指数相对较高的区域。处于该区的义务教育财政支出绩效,由于当地经济发展水平较好和优先发展教育等前期财政投入累积效应等因素,使其综合评估指数的得分相对较高，即教育财政支出的存量较高,但是也正是因为有了一些基础,在绩效评估期内逐步放松了对义务教育的关注和降低了对义务教育财政支出的增速,这就使得体现财政资金使用的管理效率指数相对较低,处于这个区域的教育管理属于"吃老本"型。因此,对于该区域的样本不能仅从财政资金支出增长的角度来提升义务教育绩效,而更应当从地方政府的主观能动性和提升财政资金管理效率的角度多做工作,在自身管理方法和努力程度上多做改进。如果不加改进,长此以往,则很可能滑落至绩劣区,但只要转变思路,改进方法,通过自身的努力还是可以进入绩优区的。

绩劣区是管理效率指数和综合评估指数双低的区域。处在该区的义务教育工作不仅财政资金的绝对量缺乏,而且财政资金的使用和管理水平也处于相对较低的水平。由于既缺钱又缺乏改进的动力和干劲儿,再加上管理上存在问题,主观努力不够,效果不佳,最终使其在绩效评估期内的绩效处于恶性循环中,这种类型属于"懒人吃救济"型。这类地区最应该引起上级政府、主管上级教育部门、相关评估主体的充分重视,不仅要通过转移支付等方式提高该类地区的义务教育财政支出水平,更重要的是通过集中学习、定期进修等方式对当地的地方政府和教育行政主管部门进行通过提升财政资金使用和管理效率, 优化财政资金使用效果的思想认识和工作态度方面的培训, 有针对性地对当地教育工作方面存在的问题进行分析,找出解决问题的方法。否则,长此以往,这类地区的义务教育绩效将与其他地区的教育绩效拉开越来越大的差距。

第五节　典型农村地区的实例分析

本节根据上述绩效评估的理论和分析方法,以笔者实地调研的四省四县评估数据为基础, 在对上述指标体系做相应的调整后,笔者使用 2004 年和 2006 年的指标数据做了一个实例,以期对上节所建立的指标体系进行一次客观的验证。

一、数据的收集与整理

为实际了解农村义务教育的真实情况和收集到一手数据,笔者有幸参与了联合国儿童基金会和中国财政部的调研项目《中国财政提供农村社会性公共产品问题研究》[①],该研究的目的是通过真实调研的一手资料为财政部制定有关农村社会性公共产品财政供给政策提供相应的政策依据。在实地调研中,项目组获得的资料和数据的来源主要有三个方面:

首先,为从整体上把握中国现行义务教育财政拨款和农村地区的一些基本情况,在出访实地调研样本县之前,课题组在预先研究的基础上,就迷惑的一些问题和初步得出的结论,走访了中央部委有关司局的对该类问题具有多年一线工作经验的领导和工作人员,与他们进行比较充分的交流,这些部门包括财政部社保司精算处、财政部办公厅政研处、财政部农业司、教育部基础教育司等。

其次,本课题组先后对中国中西部地区的四个省的四个县进行实地调研,实际调研的地区分别是西部的陕西省旬阳县、重庆市巫溪县和中部的山西省黎城县、河南省沁阳县。在走访过程中与当地的县委、县政府、教育局和财政局等地方政府的职能部门,与社会各界的代表,如各中小学的校长、各中小学的教师代表、学生家长代表等面对面的访谈,来交流地方政府对教育工作的看法及相应的实际做法,为获得各级财政对县级义务教育投入的数据,我们还走访了四县财政局和统计局,并对其工作人员进行访

[①] 联合国儿童基金会与财政部联合项目《中国财政提供农村社会性公共产品问题研究》SSA/CHNA/2007/00001497-0, 2008 年 1 月结项,本书中的一些观点和结论是在参与该项目时形成和发展起来的,本书在一定程度上可以说是上述研究的一个深化。

谈，了解四县的经济和财政概况以及在提供农村义务教育财政供给方面取得的成绩和存在的问题。其中，义务教育部分所获得的资料包括：各县的县情介绍、县志、近3年国民经济和社会发展统计公报与政府工作报告；近5年县财政局工作总结（预算中教育支出总量与结构、分权情况、财政收入总量、结构、分权情况，转移支付、财政缺口的计算）；典型家庭的收支清单（统计局），文化程度与犯罪率之间的数据；教育局近5年工作总结、各县两基教育评估材料，示范校与落后校的资产负债表、收支表（2002~2006），教育局机构设置图和职能说明，教育投入拨款流程图，县域学校分布图，县教育局近5年关于教育改革的文件汇编，县教育局2006~2007年学校预算汇总表等。在数据处理和指标的设计与选择时所参考的资料包括：《中国教育经费统计年鉴2001~2006》《中国教育统计年鉴2002~2006》《中国教育年鉴2001~2006》《中国统计年鉴2001~2006》《中国财政统计年鉴2001~2006》等。

最后，课题组通过走访实际的乡镇、行政村等地区，发放调查问卷方式，真实地获得广大农村地区的农民对当地政府现行的义务教育工作的满意度情况，并通过口头访谈的形式真实地记录被调查地区农民对义务教育工作的看法和建议。课题组在各县分别选取3个乡镇，每个乡镇选取3个行政村，共12个乡镇、36个行政村的1200户农户实地发放了调查问卷。其中，教育部分共发放问卷1000份，收回有效问卷旬阳县182份，黎城县165份，沁阳县250份，巫溪县236份，共833份；未收回问卷一部分作为政策宣传发放给当地政府以期其在相应方面关注义务教育投入，另一方面发放给当地群众，并向其讲解上级政府对农村义务教育政策的侧重点，以期其提升对义务教育政策的理解程度和进一步起到社会监督作用。

在这里，笔者要做一个说明。在本书后面的实际数据处理中，虽然课题组深入了乡镇、行政村等基层的政府组织进行了调研，尽管笔者也知道四个样本县的数据量比较小，也许会影响实际的实证结果并缺乏说服力，但是最后笔者在写作本书时还是仅仅选用了县域的义务教育财政支出口径进行分析。究其原因是因为，其一，在课题组进行调研的时期，县级以下的基层地方政府正在进行换届准备工作，教育部门的许多工作正在办理交接或者已经进行了交接，这就出现了处在交接过程中的乡镇教育数据极其混乱，无法确切地给出课题组所需要的数据，而已经进行了交接的乡镇新上任的干部由于新上任的原因，很多情况不了解，也不愿或者无法提供有效的数据；其二，由于农村税费改革的推行，很多乡镇的财政所的账目在课题组调查期间都在进行相应的调整，也无法提供及时、有效的财政统计数据，致使想取得乡镇数据的愿望无法实现，只能采用县域的财政支出数据。虽然这样一来样本量出现了急剧的缩小，但是县域义务教育财政支出的数据相对来讲统计较为规范，并且各年度的数据相对完整，因此便于研究使用。至于样本量较小的问题，不能不说是本书的一个不足，但就该领域的实证分析来说，还是具有抛砖引玉作用的。

二、绩效评估综合指数的测算

（一）建立义务教育财政支出绩效评估的递阶层次结构

对义务教育财政支出绩效评估指标体系而言，指标体系分三层：第一层（目标层）为义务教育财政支出绩效这一评估目标（A）；第二层（领域层）包括经济背景（B1）、财政投入（B2）、义务教育数量产出（B3）、义务教育质量产出（B4）四个评估因素；第三层（指标层）共包含了23个具体的评估指标。义务教育财政支出绩效评估的层次结构如图4.5所示。

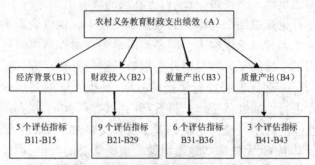

图4.5 义务教育财政支出绩效评估的层次结构

(二)指标权重的计算

在有了绩效评估的指标体系之后,运用 AHP 测算绩效评估综合指数的第一步就是确定各层各个指标的权重问题。按照前文中提供的层次分析法的步骤,依次进行下列操作:

1.构造判断矩阵。笔者选取了教育领域和管理学领域的 10 位专家,对各层各个指标的两两相对重要性打分,得到按照各层列的多人单决策矩阵群 An=[aij,n](n=1,2,…,10…),n 表示专家数,[aij,n]表示第 n 位专家对指标 Ai 和 Aj 相对重要性的打分,并运用加权几何平均转化为各层的单人单决策矩阵。

2.然后按照按行相乘、开 N 次方(N=4)、计算权重 Wi、计算权重向量 AWi、计算 λ、计算 CIi、计算 CRi 等步骤,完成层次单排序和各层的一致性检验。具体结果如下列表格所示:

表4.1 判断矩阵 A-B(相对评估目标 A,各领域 Bi 之间相对重要性比较)

A	B1	B2	B3	B4	按行相乘	开 N 次方 Wi	权重 Wi	AWi	AWi/Wi	CI=(λ -	CR=CI/RI
B1	1	1	2	1	2	1.1892	0.2870	1.1542	4.0221	n)/(n-1)	RI=0.9
B2	1	1	3	1	3	1.3161	0.3176	1.3084	4.1199	0.0390	0.0434
B3	1/2	1/3	1	1	0.1667	0.6389	0.1542	0.6448	4.1823	λ =4.1171	CR <0.1
B4	1	1	1	1	1	1.0000	0.2413	1.0000	4.1442		

表 4.2 判断矩阵 B1–P（相对教育经济环境，各指标 B1i 之间相对重要性比较）

B1	B11	B12	B13	B14	B15	权重 Wi	AWi	AWi/Wi	CI=(λ –	CR=CI/RI
B11	1	1	3	3	3	0.3597	1.6304	4.5322	n)/(n–1)	RI=1.12
B12	1	1	2	3	3	0.3251	1.4557	4.4784	0.0782	0.0698
B13	1/3	1/2	1	3	3	0.1747	0.8787	5.0314	λ =5.3128	CR<0.1
B14	1/3	1/3	1/3	1	1/2	0.0582	0.3859	6.6281		
B15	1/3	1/3	1/3	2	1	0.0823	0.4852	5.8939		

注：由于排版原因相对应计算过程会进行相应简化，以下表格也采取相应处理方式。

表 4.3 判断矩阵 B2–P（相对于财政投入，各指标 B2i 之间相对重要性比较）

B2	B21	B22	B23	B24	B25	B26	B27	B28	B29	AWi/Wi	CI=(λ –	CR=CI/RI
B21	1	1	3	1	2	2	1	1	1/2	7.4672	n)/(n–1)	RI=1.45
B22	1	1	1	2	1	1	1	2	1	9.0728	0.1435	0.0990
B23	1/3	1	1	1/2	1/2	1	1/3	1/2	1	13.8075	λ =10.1483	CR<0.1
B24	1	1/2	2	1	1	2	1/2	1	1	10.0988		
B25	1/2	1	2	1	1	1	1/3	1/2	1	10.9229		
B26	1/2	1	1	1/2	1	1	1/2	1	1	11.8291		
B27	1	1	2	3	3	2	1/2	1/3	1/3	11.8146		
B28	1	1/2	3	1	2	1	3	1	1	7.4261		
B29	2	1	2	1	1	1	3	1	1	8.8959		

表 4.4 判断矩阵 B3–P（相对于教育产出，各指标 B3i 之间相对重要性比较）

B3	B31	B32	B33	B34	B35	B36	权重 Wi	AWi	AWi/Wi	CI=(λ –	CR=CI/RI
B31	1	1	2	2	1/2	1	0.1877	1.0938	5.8284	n)/(n–1)	RI=1.24
B32	1	1	1	1	1	2	0.1877	1.1327	6.0355	0.0884	0.0713
B33	1/2	1	1	2	1/2	1	0.1327	0.8673	6.5355	λ =6.4421	CR<0.1
B34	1/2	1	1/2	1	1	1/2	0.0938	0.7735	8.2426		
B35	2	1	2	1	1	2	0.2654	1.4531	5.4749		
B36	1	1/2	1	2	1/2	1	0.1327	0.8673	6.5355		

表 4.5　判断矩阵 B4–P（相对于质量产出，各指标 B4i 之间相对重要性比较）

B4	B41	B42	B43	按行相乘	开 N 次方	权重 Wi	AWi	AWi/Wi	CI=（λ –	CR=CI/RI
B41	1	1/2	2	1.0000	1.0000	0.3204	1.0000	3.1213	n)/n–1)	RI=0.58
B42	2	1	2	4.0000	1.4142	0.4531	1.5469	3.4142	0.0404	0.0697
B43	1/2	1/2	1	0.2500	0.7071	0.2265	0.6133	2.7071		

　　3.计算层次总排序及一致性检验。在应用 AHP 法解决重大决策问题时，除了要对每个判断矩阵作一致性检验外，还需作组合一致性检验和总体一致性检验。对于总体而言，只有 CR 指标适当的小，才能认为总体上通过了一致性检验，具体检验结果如下列表格所示：

表 4.6　各判断矩阵的相关数字

判断矩阵	B1	B2	B3	B4		
N	5.0000	9.0000	6.0000	3.0000		
λ max	5.3128	10.1483	6.4421	3.0809		CR<0.1
CIi	0.0782	0.1435	0.0884	0.0404	CI=∑ai*CIi	0.0914
RIi	1.1200	1.4500	1.2400	0.5800	RI=∑ai*RIi	1.1130
CRi	0.0698	0.0990	0.0713	0.0697	CR=CI/RI	0.0821

　　以上各指标特征向量就是绩效评估指标权重，它为绩效评估指标的量化提供了前提条件。如果获得评估对象各个评估指标的原始数据，并对其进行标准化处理，这样就很容易求得被评估对象的绩效值，并可以对其进一步比较和排序。

表 4.7　农村义务教育绩效评估各个评估指标层次总排序

	B1 0.2870	B2 0.3176	B3 0.1542	B4 0.2413	总权重
B11	0.3597				0.1032
B12	0.3251				0.0933
B13	0.1747				0.0501
B14	0.0582				0.0167
B15	0.0823				0.0236
B21		0.1550			0.0492
B22		0.1400			0.0445
B23		0.0447			0.0142
B24		0.0990			0.0314
B25		0.0752			0.0239
B26		0.0700			0.0222
B27		0.0895			0.0284
B28		0.1715			0.0545
B29		0.1550			0.0492
B31			0.1877		0.0289
B32			0.1877		0.0289
B33			0.1327		0.0205
B34			0.0938		0.0145
B35			0.2654		0.0409
B36			0.1327		0.0205
B41				0.3204	0.0773
B42				0.4531	0.1093
B43				0.2265	0.0547

（三）指标权重的计算

对 2004 年和 2006 年的各类指标数据用前述的标准化方法对其进行规范化处理。另外，为了避免出现某个评估对象第二年的实际情况好于第一年但是却出现其评估结果还不如第一年的情况，也就是为了更好地突出政府绩效相对于指标体系的绝对化表征，笔者对最大值和最小值的定义作了些修正，设最大值为 2004 年和 2006 年中各个评估对象指标数据的最大值，设最小值为 2004 年和 2006 年间各个评估对象指标数据中的最小值，而不是原来的仅仅一个评估期内的极值，这样是为了避免通过该各个相互指标间的相对重要性而影响指标更好地绝对值表征。原始数据和经过规范化处理的结果详见下表：

表 4.8　四省四县各指标原始数据

变量标识	2004				2006			
	旬阳	巫溪	黎城	沁阳	旬阳	巫溪	黎城	沁阳
B11	30847	7243	20008	25158	40261	10800	24918	40120
B12	3996.52	2457	10100	17733.3	5761.33	3055.65	10240.51	25932.91
B13	1703	1703	3335.4	3438	1980	2029	4076.6	4679
B14	9.32%	9.89%	12.30%	18.70%	11.11%	10.66%	16.80%	19.20%
B15	41.43%	43.20%	39.40%	38.30%	40.23%	41.20%	39.40%	33.90%
B21	5.53%	14.35%	3.09%	1.47%	6.69%	13.50%	3.70%	1.41%
B22	30.61%	30.66%	16.66%	21.71%	28.49%	28.22%	18.11%	17.38%
B23	73.50%	61.87%	61.20%	55%	63.50%	54.93%	63.40%	58%
B24	72.60%	57.25%	53%	61.10%	70.87%	52.57%	55%	63.20%
B25	14.28%	27.49%	14.50%	8.77%	27.32%	31.24%	8.45%	34.58%
B26	45.39%	188.29%	124.46%	103.18%	225.04%	109.92%	148.25%	143.49%
B27	54.30%	50.50%	57.20%	54.60%	58.36%	55.78%	52.10%	56.40%
B28	16.60%	27.65%	27.40%	24.80%	18.45%	43.30%	29.60%	26.10%
B29	135.5	339.3	253.13	196.08	224.2	510.66	334.78	247.96
B31	773.2	1403.11	582.3	866.13	803	1600.25	608.6	655.94
B32	95.60%	96.50%	99.20%	99.40%	97.46%	99%	100%	100%
B33	87.15%	91.46%	78.30%	73.20%	89.25%	94.77%	81.20%	78.50%
B34	95.67%	91.20%	93.20%	91.20%	95.89%	97.32%	95.10%	92.70%
B35	17.98	19.8	14.1	15.2	16.9	19.26	15.34	16.3
B36	97.50%	82.50%	99.20%	99.20%	98.60%	85%	99.80%	99.80%
B41	36.10%	46%	42%	49%	40%	48%	51%	54%
B42	53.20%	60.20%	51.10%	51.30%	69.23%	83.92%	65.26%	64.40%
B43	51.20%	64.60%	65.30%	73.20%	59.89%	83.04%	78.42%	80.80%

表 4.9 四省四县各指标标准化处理后的数据

变量标识	2004				2006			
	旬阳	巫溪	黎城	沁阳	旬阳	巫溪	黎城	沁阳
B11	0.7149	0.0000	0.3866	0.5426	1.0000	0.1077	0.5353	0.9957
B12	0.0656	0.0000	0.3256	0.6507	0.1408	0.0255	0.3316	1.0000
B13	0.0000	0.0000	0.5485	0.5830	0.0931	0.1095	0.7976	1.0000
B14	0.0000	0.0577	0.3016	0.9494	0.1812	0.1356	0.7571	1.0000
B15	0.8097	1.0000	0.5914	0.4731	0.6806	0.7849	0.5914	0.0000
B21	0.3184	1.0000	0.1298	0.0046	0.4080	0.9343	0.1770	0.0000
B22	0.9964	1.0000	0.0000	0.3607	0.8450	0.8257	0.1036	0.0514
B23	1.0000	0.3737	0.3376	0.0038	0.4615	0.0000	0.4561	0.1653
B24	1.0000	0.2336	0.0215	0.4259	0.9136	0.0000	0.1213	0.5307
B25	0.2231	0.7287	0.2315	0.0122	0.7222	0.8722	0.0000	1.0000
B26	0.0000	0.7954	0.4401	0.3217	1.0000	0.3592	0.5726	0.5461
B27	0.4835	0.0000	0.8524	0.5216	1.0000	0.6718	0.2036	0.7506
B28	0.0000	0.4139	0.4045	0.3071	0.0693	1.0000	0.4869	0.3558
B29	0.0000	0.5432	0.3135	0.1615	0.2364	1.0000	0.5312	0.2998
B31	0.1875	0.8063	0.0000	0.2788	0.2168	1.0000	0.0258	0.0723
B32	0.0000	0.2045	0.8182	0.8636	0.4227	0.6705	1.0000	1.0000
B33	0.6467	0.8465	0.2364	0.0000	0.7441	1.0000	0.3709	0.2457
B34	0.7304	0.0000	0.3268	0.0000	0.7663	1.0000	0.6373	0.2451
B35	0.6807	1.0000	0.0000	0.1930	0.4912	0.9053	0.2175	0.3860
B36	0.8671	0.0000	0.9653	0.9653	0.9306	0.1445	1.0000	1.0000
B41	0.0000	0.5531	0.3296	0.7207	0.2179	0.6648	0.8324	1.0000
B42	0.0640	0.2773	0.0000	0.0061	0.5524	1.0000	0.4314	0.4052
B43	0.0000	0.4209	0.4428	0.6910	0.2729	1.0000	0.8549	0.9296

(四)绩效评估综合指数测算与管理效率指数测算

农村义务教育财政支出绩效评估综合指数 X_i 用如下公式计算：$X_i = \sum X_{ij} * w_j (j = 1 \sim n)$。其中，$X_i = (i = 1, 2, 3, 4)$ 为第 i 地区绩效评估指数，X_{ij} 为第 i 地区第 j 个指标标准化系数，w_j 为第 j 个底层指标相对于目标层的权重，即前文所对应的各个指标权重。经过计算我们得出的四省四县义务教育财政支出 2004 年和 2006 年的绩效评估综合指标测算结果如下表。

表 4.10 四县义务教育财政支出绩效评估综合指数测算结果

	2004	排名	2006	排名
旬阳	0.3056	4	0.4924	3
巫溪	0.3988	2	0.6127	2
黎城	0.3083	3	0.4817	4
沁阳	0.4044	1	0.6239	1

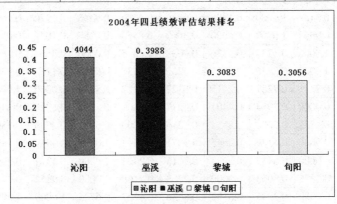

图 4.6 2004 年四县义务教育财政支出绩效综合指数排名

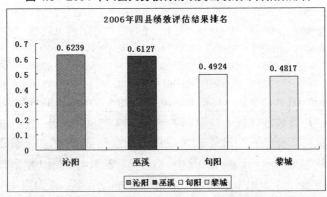

图 4.7 2006 年四县义务教育财政支出绩效综合指数排名

下面进行农村义务教育财政支出评估管理效率指数的计算。由于评估指标有 23 个,根据 DEA 分析的通用规则决策单元应该不少于 46 个。而由于本书所选取的样本县数量有限,只有 4 个,因此最终的指标选择只能从 23 个中选取 4 个。因为前文的指标体系是把所有指标分成 4 大类,因此采取每一大类选择一个代表指标的原则进行选取。依据数据处理的要求,本书采用主成分分析法对 23 个指标进行降维处理,以期满足 DEA 算法的基本要求。首先,我们使用 SPSS15 对 23 个指标进行主成分分析。打开SPSS,一次进入 Ananlyze-Data Reduction-factor,把四县的数据横向排列后输入变量框,共 23 个。并在对话框中相应选择"principal component"(主成分分析)、"number of factors"(输入 2,即提取 2 个主成分[①])、"varimax"(最大方差旋转法)、"save as variables"(把主成分保存到数据文件当中)、"replace with mean"(用平均数代替缺失值)、"sorted by size"(因子负荷从大到小排列),得出表 4.11。

从表 4.11 中可以看出,第一主成分中主成分上负荷较大的指标是义务教育产出类指标,第二主成分中主成分上负荷较大的指标是义务教育投入类指标,因此,将第一主成分命名为义务教育产出,将第二主成分命名为义务教育投入。其中,义务教育产出类指标负荷较大的为 20、22、9、14 四个指标,按照义务教育经济义务教育数量产出和质量产出一类中选一个的原则,在这里正好选择前两个指标,即 20、22 指标作为 DEA 分析的输出指标。而义务教育投入类指标中义务教育经济环境类指标负荷排序为 2、5、4、1四个指标,在这里选择负荷最大的 2 指标。义务教育财政投入类指标负荷排序为 7、10 两个指标,在这里选择负荷最大的 7 指标。最后确认 2、7 指标为 DEA 分析的输入类指标。

---

① 选择两个主成分是基于四类指标有两类是输入指标,有两类是输出指标。选择两个主成分便于负荷指标的筛选。

表 4.11　义务教育财政支出绩效评估的主成分分析表

	Component	
	1	2
VAR00020	.992	.042
VAR00022	.980	.129
VAR00009	−.978	−.081
VAR00014	.944	.272
VAR00013	.927	.070
VAR00016	.878	.197
VAR00021	−.834	.489
VAR00018	.788	.052
VAR00015	.784	.620
VAR00012	.749	−.537
VAR00023	.730	.453
VAR00019	−.719	−.050
VAR00008	−.712	−.149
VAR00003	−.695	−.537
VAR00006	−.600	.348
VAR00011	−.454	−.009
VAR00002	.009	.987
VAR00007	−.249	.957
VAR00010	−.155	−.946
VAR00005	−.408	−.910
VAR00004	−.494	.864
VAR00001	−.535	−.807
VAR00017	−.258	−.787

Extraction Method: Principal Component Analysis.

Rotation Method: Varimax with Kaiser Normalization.

　　注：由于本书使用主成分分析的目的是按照指标负荷的大小进行指标筛选而非要构造评估函数，因此在这里不再列表表示主成分的方法贡献率。

表 4.12 义务教育财政支出绩效管理效率指数 DEA 分析的评估指标

输入指标	输出指标
人均 GDP	17 周岁人口初级中等教育完成率
预算内教育经费占财政支出比例	家长对教学质量的满意度

再按照前文所述的管理效率指数算法,计算结果[①]如下表:

表 4.13 运用 DEA 方法测算的义务教育财政支出管理效率指数表

2004 年	总效率	技术效率	规模效率
旬阳	100%	100%	1
巫溪	100%	100%	1
黎城	100%	100%	1
沁阳	77.04%	100%	0.7704
2006 年	总效率	技术效率	规模效率
旬阳	98.17%	100%	0.9817
巫溪	100%	100%	1
黎城	100%	100%	1
沁阳	100%	100%	1

同时,由于 DEA 模型只能将大量决策单元分为有效和非有效两大类,所以使得上述的计算结果出现了大量的、甚至全部决策单元都有效的情形,使得计算结果难以达到有效排列不同地区义务教育绩效改进努力程度的研究目的。因此,在此再通过引入 DEA 模型的改进模型——Super Efficiency-DEA(SE-DEA)模型增加一步计算步骤来解决区分不同地区努力程度的排序问题。

SE-DEA 模型的主要改进在于评价决策单元 j 时,把该评价单元与其他所有的评价单元的线性组合做比较,使决策单元 j 的投入和产出被其他所有的决策单元投入产出的线性组合替代,而

---

① DEA 模式原始计算结果详见附录四。

将第 j 个决策单元排除在外。一个有效的决策单元可以使其投入按比例的增加,而效率值保持不变,投入增加比例即为其超效率值。在这个模型中只是在对有效单元评价计算时,去掉了效率指标小于等于 1 的约束条件, 此时会得到大于等于 1 的效率 θ,称之为超效率。引入超效率后,计算结果如下表所示:

表 4.14　引入超效率后的义务教育财政支出管理效率指数

2004 年	超效率	管理效率指数排名
旬阳	106.05%	3
巫溪	184.06%	1
黎城	143.67%	2
沁阳	77.04%	4
2006 年	超效率	管理效率指数排名
旬阳	98.17%	4
巫溪	228.55%	1
黎城	134.30%	2
沁阳	104.20%	3

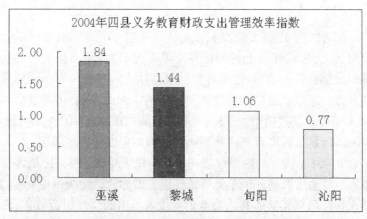

图 4.8 2004 年四县义务教育财政支出绩效评估管理效率指数排序

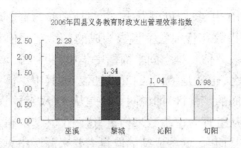

图 4.9　2006 年四县义务教育财政支出绩效评估管理效率指数排序

三、绩效评估综合指数的测算

表 4.15　标准化后的义务教育财政支出综合指数与管理效率指数

地区	2004 年		2006 年	
	综合指数	管理效率指数	综合指数	管理效率指数
旬阳	0.7557	0.5762	0.7892	0.4295
巫溪	0.9862	1.0000	0.9820	1.0000
黎城	0.7624	0.7806	0.7721	0.5876
沁阳	1.0000	0.4186	1.0000	0.4559

以 2006 年四县义务教育财政支出绩效评估综合指数为横轴,以其管理效率指数为纵轴,构成四县义务教育财政支出绩效评估的二维空间图如下:

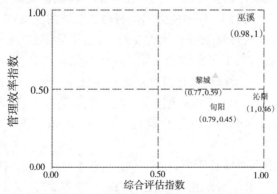

图 4.10　义务教育财政支出绩效评估二维空间图

从图 4.10 中,我们可以看出,以四县义务教育财政支出绩效评估的综合指数和管理效率指数构成的二维空间值在义务教育财政支出绩效评估二维空间平面图中集中在两个区域,按照笔者在前面的命名,也就是绩优区和改进区。这其中巫溪县和黎城县处于二维空间的绩优区,即说明无论是从义务教育财政支出的综合水平还是从管理效率指数来衡量,这两个县均取得了较好的成绩。就巫溪县而言,这种成绩的取得主要来源于中央和上级政府的转移支付资金的支持和当地政府对教育工作的重视。由于巫溪县位于渝东边陲,地处渝、陕、鄂结合部,全县地形以山地为主,属于典型的中深切割中山地形,素有八山一水一分田的说法,因此该县经济发展比较落后,一直没有摆脱"国贫县"的帽子,因此,这里的大部分的公共财政支出、特别是义务教育财政投入都是转移支付的资金,大致占 90%。同时,在当地实地调研中我们也深切地感觉到当地政府对教育工作的重视,"再穷不能穷教育"的执政理念已经深入人心。因此,才会取得义务教育财政支出绩效评估绩优的好成绩。重庆市人民政府"两基"评估验收团在 2006 年 10 月 30 日至 11 月 2 日对巫溪县"两基"进行评估验收后所做出的《对巫溪县"两基"评估验收的结论意见》中的一段话也验证了巫溪县近年来在义务教育工作中所做出的努力和取得的成绩:在中央及市委、市政府的高度重视和大力支持下,巫溪县通过 11 年的"两基"攻坚,教育发生了深刻的变化。作为国家扶贫开发工作重点县,巫溪县广大干部群众在教育基础弱、起点低、财力十分困难的情况下,历经千辛,克难攻坚,探索出一条穷县办大教育的新路子,实现了巫溪教育的历史性跨越,取得了"两基"攻坚工作的成功经验。

而就山西黎城县而言,由于其处于三晋大地,处于中国的中部地区,位于长治市东北部,地处晋、冀、豫三省交界,是山西省的"东大门",素有"三省通衢"之称。因此,其经济基础在四县中是比较好的,所以综合指数处于绩优区。这与其经济发展水平是有直接关系的。在教育工作的重视程度方面,由于黎城县委、县政府始终围绕"科教兴县"战略,以科学发展观统领全局工作,以"办人民满意的教育"为宗旨,以提高教育教学质量为核心,积极进取,奋力开拓,因此,管理效率指标也取得了明显的成效,这就为黎城县处于义务教育财政支出绩效评估绩优区打下了基础。但是,这里我们要注意的是黎城县的管理效率指标正在呈现逐年下滑的趋势,从管理效率指标来看,2004 年为 0.7806,而到了 2006 年为0.5876,这需要引起当地政府的足够重视。

而旬阳县和沁阳县之所以处于二维评估的改进区,主要是因为管理效率指标的分值较低所导致的,这个结果也基本符合实际调研的结果。在实地调研中我们发现,旬阳县和巫溪县的情况大致相同,旬阳地处中国南北过渡地带,北依秦岭,南踞巴山,汉江由西向东流过,县境地貌以中山为主,兼有低山、丘陵、河谷地形,也就是说巫溪和旬阳分别在秦岭的两边,地形地貌都很相似,经济发展水平也基本相同。当地的义务教育投入也基本上要依靠上级政府的转移支付资金加以维持。而之所以巫溪处于评估绩优区,而旬阳处于改进区,主要的区别就在于当地教育工作的努力程度,即财政资金的管理效率还有待提高。由于新一届领导班子的走马上任,使得经济工作成了全县主抓的工作,基于太极城的旅游经济、文化经济、特色经济成了全县工作的核心,这就使得教育工作处在一个不温不火的状态当中。在访谈中,我们了解到当地的教育局局长在工作期间曾经提出过许多的教育改革合理化建议,但是就是因为换届和其他一些原因而被束之高阁,使得教育工作始终是在维持现状的状态中逐步进行。因此,旬阳县在义务教育绩效提升方面应当在提升工作效率和财政资金的管理效率方面多做工作。

河南省的沁阳县,在四县中经济条件(即经济总量)是最好的,地处粮食主产区,并且已经部分地实现了农业机械化,生产效率也是四县中最优的,因此,综合指数标准化后是处于第一位的,然而就管理效率,即对教育工作的努力程度却是比较低的。也是在一手主抓经济的执政理念指引下,教育工作也就成了非中心工作,或者次中心工作,最后导致"比上不足、比下有余"的工作态度也就自然而然成了教育工作的主基调。在调研中,我们深切地感觉到教育工作的发展并没有与当地蒸蒸日上的经济发展同步进行,而是以一种比较缓慢的、稳稳当当的方式在慢慢地发展着,这也就造成了最后的评估结果处于改进区的结论。

综上所述,四县的最终评估结果基本符合实际调研的结果,这说明上述所构建的义务教育财政支出绩效评估指标体系是客观的、可行的、具有可操作性的。由于最后所采取的具体评估值是采用了相对评价指标,具体数值的高低并没有实际的含义,它只是用来说明单个样本得分在总体样本中的相对优劣程度,因此,单个样本的评估情况也就直接取决于整体样本的取值情况。由于此次实证分析,处于数据样本的限制,因此只能大致地反映典型农村地区当前的义务教育财政支出绩效情况,而不能对整个农村地区的义务教育财政支出绩效情况做出整体性的说明,这不能不说是一个遗憾。在今后的后续研究中,随着样本量的逐渐增大,笔者将把此项研究深入地开展下去,以期得出能够反映当下中国农村地区整体义务教育财政支出绩效情况的相关结论。

第五章 改善农村义务教育财政支出绩效的政策建议

○问题分析与政策调整原则

○加快绩效评估体系的建设

○构建农村义务教育财政支

出绩效管理体制

○义务教育财政支出绩效优

化的路径选择

上一章里,笔者利用中国典型农村地区的义务教育财政支出的实证数据,通过 AHP 层次分析法所构筑的评估指标体系以及运用 DEA 数据包络分析所衡量的绩效努力指数的二维指标,对被评估主体进行了排名。但是,绩效评估工作远未就此结束。不言而喻,义务教育财政支出的绩效评估目的在于:一是通过评估发现问题,解释问题发生的原因所在,即探究财政性技术因素与体系因素对农村义务教育绩效的影响;二是就"优化绩效"做出有针对性的改革建议,即深入研究改善农村地区义务教育供给状况的具体政策措施。本章的研究工作将集中在上述两个方面。

第一节　问题分析与政策调整原则

一、农村义务教育财政支持方面存在的主要问题

事实上,通过上一章的农村典型地区的义务教育财政支出绩效的实证分析,我们大体上可以看出,就义务教育财政支出综合指标而言,四个样本县虽然县域范围内的财政总量非常薄弱,但是依靠近几年的上级财政转移支付资金和县域财政对义务教育工作的大量资金投入,使得义务教育财政支出综合指标的得分基本都处于绩优区;而就体现财政资金使用和管理效率的义务教育财政支出绩效管理指标而言,四个样本县的表现却是差强人意。这样的评估结果说明,四个样本县的义务教育财政所取得的绩效实际上仅仅是由于近几年来单纯地依靠财政资金的追加,即财政资金的粗放式增长而实现的,但是在财政资金的使用和管理效率方面却并没有什么实质性的提升,这也就意味着传统的财政资金分配和使用模式并没有发生根本性的改变,财政资金的使用仍处于一种"零和博弈"的状态,并没有从本质上实现"帕累托改进",而是一种以牺牲其他公共服务为代价而实现的一种短期的、非可持续的发展。在与此相关的研究文献中,其他的研究者也基本得出了相应的结论①。这说明义务教育财政支出的上述状况不仅仅存在于所调查的样本地区,而且具有普遍性的特征。究其原因,笔者认为绩效评估指标体系的不完善和绩效评估工作实施的制度环境都存在或多或少的问题。

首先,目前中国的义务教育管理由于缺乏一套有效的投入产出的监督评估体系,致使义务教育投资的资金被挪用或被低效使

---

① 对于义务教育财政绩效问题的研究,一些学者从义务教育财政经费和资金管理的角度阐述此问题,一些学者从义务教育财政投入的角度研究此问题,一些学者从义务教育隐性债务的角度分析此问题,一些学者从义务教育财政预算的角度讨论该问题。更一般的论述参看有关涉及财政支出使用效率的一般性讨论。

用的现象还普遍存在。就资金运用效率而言,一方面是义务教育财政资金十分紧张,各个地方政府都在叫苦义务教育财政投入的不足;而一方面却是在很多地方,义务教育资金的使用并没有受到严格监督,浪费现象并不罕见,同时挤占挪用义务教育经费也较普遍。由于 GDP 政绩考核指挥棒的指引,各地的地方政府表面上十分关注本辖区内的义务教育财政投入工作,但实际上,财政创收、招商引资、工业增加值、产业结构调整等经济工作却始终是各地地方政府的头等大事,这从各个地方政府的工作报告中就可以清楚地看出,往往涉及民生的公共支出的介绍和统计数据都放在了报告的后面,甚至最后的位置,并且一带而过,而有关经济总量和经济发展状况的介绍却放在报告的首要位置,并占有大量的篇幅。因此,在这种行政工作重心有的放矢的现实情况下,义务教育工作就仅仅成了一种稳定工作,而非发展工作,即义务教育工作的重心是保安全、别出事,然后才是加大财政投入,最后才是提升教学质量。所以,在这种工作思路的影响下,义务教育工作就变成了一种被动的工作,义务教育工作的效率也就难以得到保证。

其次,由于中国财政预算管理体制的特殊性,使得财政预算的软约束现象十分普遍。预算外资金的监督仍然是当前义务教育各个监督环节中最薄弱的部分。在很多地方,学校的各种收费还没有完全纳入财政管理,也有的地方实现收费全额上交再全额返回的办法。同时,由于在义务教育政府买单之前的很长一段时间内,乡村小学的建设资金都是通过村民捐助和行政摊派等方式实现的和中国农村地区素来有乡绅捐资助学的传统,因此,在实地走访过程中,很多农村地区的小学和中学的崭新的教学楼前都矗立着一块石碑,碑文上撰写着捐资助教者的名字和捐款金额。而这些社会捐助资金实际上并没有纳入财政资金专户的管理,而是纳入县域教育行政部门的"小金库"的管理,虽然这种捐资助学资金的管理行为并非一定会产生行贿、受贿、私自挪用等行为，但是毕竟这笔庞大的资金，在政府财政体外循环，既没有向社会公开，也没有纳入政府财政监督，这势必造成教育财政资金的暗箱操作，并在一定程度上降低了资金的使用效率。

再次，义务教育监督还存在着很大的法律真空，虽然，我国先后颁布了《教育法》《义务教育法》等义务教育相关法律，但事实上这些义务教育相关法律中大多缺乏财政监督活动的法律依据。如人大对于义务教育财政预算的监督，虽然法律上规定人大有财政预算监督权，但由于没有可操作的实施细则，实际上人大几乎不可能真正对财政预算进行监督。有一些地方已经制定了本地区的《预算监督条例》，但可操作性仍然不够。由于缺乏相关的法律对人大及其常委会的财政监督权力予以细化，使财政监督缺乏可操作性。加之部门预算没有普遍推广，教育经费的总预算并没有明确列出，义务教育经费是否实现了有关法律规定的要求，自然也难以审查。①

最后，就中国政府近几年开展的义务教育财政绩效评估工作而言，该项工作目前还处于探索阶段，由于一些现有管理制度的束缚和配套措施的不完善，使得实践的力度和效果都很不平衡，还缺乏全国统一的做法和标准，基本上还处于原始的"手工业"水平上。存在的主要问题有：（1）没有形成标准的绩效考核制度，处于自发、半自发状态；（2）缺乏系统理论指导，实践中具有盲目性；（3）绩效评估具有单向性特征——重视财政部门对教育部门使用

---

① 从《中国教育统计年鉴》中的一些统计数字可以看出，关于教育经费的"三个增长"在实际操作中并没有完全得到落实。因为缺乏有关支出数据，我们无从得知关于义务教育经费的"两个增长"是否实现，但在实际调研中，也存在这样的财政统计口径的问题。有时，连财政部门的相关工作前后所拿出的义务教育财政资金统计数据也会有所差距。这说明，虽然有关义务教育经费的"三个增长"已明确地纳入了法律管辖的范围，有时甚至即便是法律所规定的"三个增长"并没有真正得到落实，可是却从来没有哪一级的人大因此否决过政府的预算或决算草案或提出修正案，因此，在实际操作中的法律约束力却有待加强。

财政资金的评估与控制,忽视财政部门的自我评估,更缺乏对财政部门的评估与控制;(4)评估考核从内容到程序没有规范化,存在很大随意性,因而评估结果很难做到客观、公正,甚至完全流于形式;(5)不是把评估考核作为提高教育财政管理水平的措施,而是作为消极防御的手段——当某一方面的问题成堆,社会反应强烈时,才采取诸如大检查、专项调查、大评比等方式谋求改正,因而总是陷于被动;(6)教育财政绩效评估过程具有封闭性、神秘性等。

最终,上述问题导致了一系列弊端:(1)盲目的评估工作首先导致了运动式义务教育行政管理的弊端。由于缺乏对组织绩效的持续性测定,义务教育财政管理者难以把工作重点放在绩效的持续性改进上,因而往往采取"严打"之类的阶段性突击方式解决问题,而且阶段性突击取得的成果越辉煌,越能暴露出日常管理中的问题,这进一步逆向激励了运动型绩效评估的工作方式。(2)由于目前的绩效评估仅是就评估而评估,而评估主题也是上级主管部门,这就造成了新型的财政绩效评估与传统的年度行政考核没有了区别。因此,义务教育财政的绩效考核的非规范化导致考核中的不正之风和腐败行为。许多大检查、大评比不仅没有取得效果,而且应付检查评比日益成为基层单位的负担;少数检查团成员索要礼品、收受贿赂的行为更是直接损害政府形象。(3)由于目前的财政绩效评估缺乏绩效管理中的激励政策的配合,即并没有实现绩效评估的结果与财政预算拨款的有机联系,财政拨款还处于"基数＋增量"的预算模式,这就导致了被评估单位的消极和被动心态,不利于绩效评估工作的开展。

二、基于解决问题的政策调整原则

因此,基于上述的农村典型地区绩效评估实证分析后所暴露出来的共性问题和共同原因,本书认为对于义务教育财政资金使用绩效的研究,除了要对绩效概念进行系统的剖析和分析、对绩效评估体系进行理论和实证上建构、对绩效评估工具进行优中选优外,还要在本章里,探讨绩效评估工作实施的制度环境,这个制度环境既要包括现行的财政管理制度,还要涉及制约财政管理制度的其他经济制度和政府行政制度。笔者之所以会产生这样一种扩大解决问题的政策调整原则边界的想法,实际上是在本书的研究过程中,笔者在参阅了大量的文献资料和参与实地调研后发现,尽管大部分的学者都注意到了义务教育财政投入体制对义务教育供给的巨大影响,也分别从财政体制的不同角度来阐释提高义务教育供给绩效的想法,然而就最终的研究结论来看反而让人有一种说不出"只见树木、不见森林"的感觉,就好像"盲人摸象"一样都只说明了问题的一个方面。

笔者就义务教育财政支出绩效的体制性问题也迷惑了很长的时间,虽然,笔者在研究的过程中,已经逐步领悟到了财政问题的精髓在于对"财政"两字的反向理解,即财政问题就是"政财"问题,即要想把财政问题分析好,必须建立在对政治体制和政府问题研究的基础上①。同时,在与一位财政学界的专家讨论此事时,这位专家的"财政问题往往不是财政的问题"这个判断最终启发了笔者。原来,在研究一个复杂问题时,特别是涉及像社会科学研究中的体制问题时,研究者必须首先跳出体制问题的框框,在研究体制问题之外,应首先研究一种有效的研究工具和研究手段,在此基础上,运用已有的研究手段,按照"庖丁解牛"的方式逐步分解要研究的复杂体制问题,只有这样才能达到事半功倍的效

---

① 事实上,笔者有这样的想法已经有很长的时间了,特别是当笔者与最近兴起的行政学(传统的政治学,后进入西方的行政学)方面的学者进行交流时,笔者发现虽然彼此相互之间属于不同的研究领域,理应隔行如隔山似的没有什么共同语言,可实际情况却是两个领域的学者竟然在研究范围和内容上如此的相似,研究财政的学者是从财政资金使用的角度来研究政府职能和机构的优化问题;而行政学领域的学者是从行政体制的分析和优化基础上,研究财政预算和财政资金使用的优化。后来经笔者询问才得知,原来在国外财政学是被纳入行政学领域的一门学科,这些交流使笔者更加坚定了自己的研究心得。

果。这也就是为什么本书要先建立一套科学、客观的绩效评估体系的原因。"优化绩效"涉及两层含义：一是绩效评估手段的完善。目前仅就绩效评估手段自身而言，在中国尚处于一种尝试和完善阶段。无论是从评估的理念、评估的制度性保障、评估主体的确立、评估指标的完善等方面都还有待进一步提高。通过完善绩效评估指标体系和绩效评估流程积累客观、公正、有效的财政支出绩效数据，通过引入第三方社会性专业机构增强绩效数据的分析与解释，增强数据的说服力和公信力，通过历史数据库的建设和政府立法使得评估工作制度化和法制化。二是有效运用评估的结果，实现财政资金使用的绩效管理。绩效评估本身只是一种手段，要想通过手段来达到本书所说的利用手段来解释体制性问题，甚至通过引入一种评估工具来提升义务教育财政支出乃至提升政府公共服务财政支出的绩效，如何实现评估结果的科学运用便成为不可忽视的问题。一旦绩效评估这种手段实现评估结果与财政预算拨款的结合、财政资金的绩效管理的尝试、财政支出绩效管理的法制化、信息化、制度化，那么绩效评估将不仅仅是一种手段，而会成为一种有效提升财政资金使用效率的制度性安排。

因此，本书下面的论述将围绕上述两个方面的优化进行阐述。一方面是要尽量加快绩效评估体系的建设，这是中国公共财政领域开展绩效评估工作的前提条件，并在此基础上逐步实现绩效评估工作相关配套工作的制度建设，例如以立法的形式明确规定绩效评估的主体、客体、方式等具有可操作性法律依据，例如逐步建立绩效评估结果与财政预算调整的有机结合等。而另一方面，就是在实现绩效评估工作与先行财政管理体制之间的无缝对接。中国20多年来的渐进性改革，经过实践的证明和时间的考验被证明是一条符合中国社会经济发展的正确道路。所以，财政支出的绩效评估要想取得成功也要遵循渐进式的变革方式，在现有的财政管理体制上进行改良，切不可采取急风暴雨式地推倒重来的激进式的改革方式。因此,本章专门利用一节的篇幅来阐述义务教育财政支出绩效优化的路径选择, 以期来为渐进式的变革提供一个可供参考的政策建议和变革参照系。

第二节　加快绩效评估体系的建设

继 1998 年中央提出建立公共财政体制框架后, 党的十六届三中全会提出"建立财政预算绩效考评体系"。针对这种情况,中国从 2001 年开始先后在湖北、湖南、河北、福建等地进行支出绩效评价工作小规模试点,当前,尽管中国在义务教育财政支出绩效评估上已经积累了一些行之有效的工具或方法,但是由于义务教育财政支出绩效评估工作是一项非常复杂的系统工作,就评估现状来看,中国对义务教育财政支出进行的绩效评估还处在起步阶段,还没有形成一套完整的理论体系和方法体系,依然无法满足日益增长的评估需求,即义务教育财政支出绩效评估仍处于探索和开拓的初级阶段。不管是在更大的范围内进行"摸底性质"的财政支出绩效现状判断,还是将来逐步实现义务教育财政预算拨款与教育评估结果的有机结合,实现财政支出的绩效管理,绩效评估的积极作用远未得到充分展现,因此,继续完善财政支出绩效评估体系的建设不仅对于义务教育投入的绩效评估,而且对于更大范围的公共支出绩效评估也具有重大的现实意义。

一、坚持树立财政支出绩效管理理念

绩效评估的理念创新是推行绩效评估工作的先决条件。在调研中,我们大多数的地方市级政府和县级政府领导干部大部分缺乏财政支出的绩效理念。财政资金支出后往往并没有实际考虑其效率和效益,还只是处于关注财政资金的安全性和可控性,侧重资金使用过程的控制和部门内部的制衡等传统的针对资金使用

过程的检查阶段。财政系统对于预算资金的审核只是关注预算资金使用的合法性、合规性和可控性,对预算执行过程的监控处于绝对的核心地位。财政监督仍然只注重对财政收支的合规性检查,而对绩效结果的关注力度不够。由于"信息不对称"因素的存在,使得下级处理具体事务的职能代理部门的信息量远远大于上级的行政委托部门,往往造成监管的盲区,形成监督"空白",使"寓监督于管理中"的目的未能达到。一方面,传统的突击检查式监督,重事后监督,没能有效地将财政监督贯穿于财政资金收支的全过程中,事前、事中监督仍很薄弱;另一方面,财政部门内部管理控制机制仍不健全,监督检查机构对其他业务机构的管理监督还远不到位、力度也不够,影响了财政部门内部管理控制机制有效发挥作用。而且财政监督越频繁,职能部门的反监督、抵触情绪、不配合行为就越明显,对于上级委托部门的任务目标偏离度就越大。因此,在这种绩效管理的理论尚未深入人心的情形下,推行绩效评估就会出现南辕北辙的结果,本来绩效评估的目的是为了通过推行绩效管理来优化行政管理的效率与效果,而在缺乏绩效理念的情况下,先进的评估手段又一次成了各级政府工作评估中的一种新工具,"为评估而评估"的现象较为普遍,绩效评估与公共服务质量的改进缺乏有效整合。这样一来,不仅是教育部门的绩效评估,整个政府的绩效评估也不是为了从根本上改善政府管理和服务、提高政府绩效,而是为了附和当前国际新公共管理的"流行趋势"和国内政绩考评的需要,用一种全新的评估手段来达到实现政府领导获取政绩的新方法。一方面,源于对绩效评估作用的认识偏差,只将绩效评估作为上级对下级评判和控制的工具,而忽视对绩效评估学习和改进的功能;另一方面,由于绩效评估存在显著的非制度化特征,导致绩效评估呈现出时间上的非连续性和政府绩效的持续改进过程中的断层。

因此,绩效评估应从对"过程合规"的审查逐步过渡到对财政支出的"结果考察"，使财政支出的绩效概念不断深入各级政府领导的行政理念当中。借鉴企业家管理私人部门的手段，重视产出和结果，注重发挥市场在公共产品和公共服务供给领域的作用，并在政府管理中采纳社会化、市场化的运作机制和企业化的管理方法来提高管理效率，在公共部门管理中引入竞争机制来提高服务的质量和水平，以市场或顾客为导向来改善行政绩效，注重发挥市场在公共产品和公共服务供给领域的作用，注重通过组织上的授权管理提高政府部门的绩效，从而为政府预算理念和支出控制机制的变化提供基础性条件。使绩效评估真正实现以绩效为本，通过现代信息技术在现代政府公共部门之间、政府公共部门与社会公众之间的沟通与交流，谋求顾客通过公共责任机制对政府公共部门的舆论监督，谋求政府管理对立法机构和顾客负责的统一。以服务质量和社会公众需求的满足为第一评价标准，加强与改善公共责任机制，使政府在管理公共事务、传递公共服务和改善生活质量等方面具有竞争力。

二、改善绩效评估的法制环境

法律法规作为一种强制性政策工具，已成为从政策制定到政策执行的重要手段。从国外财政支出绩效评估的多年实践来看，其制度体系的建设在绩效评估工作的推进中发挥了至关重要的作用。这些国家通过财政支出绩效管理的法制化建设，从而使这项工作从一开始就在法治化和规范化的框架内有序进行。中国要实施义务教育财政支出绩效评估也必须有相应的法律作为科学、公正地实施评估的保障。首先是要依法评估。经济学分析表明，自由市场不可能保障教育服务达到一个社会理想的水平，因此政府必须干预教育。要以充足的公共投入为基础的教育财政机制是趋向平等和公平的教育发展的基本保障，而公共教育财政机制必须服务于教育的基本需求，对教育公平给予特别的关注，并采用透明、公正和有效的经费拨款政策使之健康稳定地发展。公共教育财政是教育经费的最主要的来源。为了保证教育经费供给的充足、公平和效率的实现,各国在法律上对教育投入给予了相应的规定。如我国的《宪法》、《义务教育法》,美国的《初等和中等教育法案》以及2002年出台的《不让一个儿童落后法案》,韩国的《地方教育财政补助金法》等。通过这些法律的执行来落实政府的财政责任,成为各国政府实现教育财政供给的主要渠道。比如美国联邦政府颁布的《2000年目标:美国教育法案》第304条规定,部长可以从第303条所拨款额中储备总数的1%,由部长决定具体数额,向边远地区提供支持;美国加州《加州教育条例》关于教育财政的条款中也规定了州拨款要照顾落后学区,州广泛的征税权应用来提高州内那些组织完备但经济较弱学区的财政支持水平。这些措施主要用来为所有学区提供最低的财政保障,为学生提供公平的受教育机会。与国外先进国家相比,中国还没有一部专门的教育财政法律,导致教育财政政策的随意性,为客观公正地实施义务教育财政绩效评估也带来了一定的困难。

其次是制定有关绩效评估的法律,提高评估的信度。在中国由于绩效评估起步较晚,目前还缺乏专门的对教育财政评估甚至是公共支出评估的法律法规。比如对于评估的期限、评估组织的建制以及评估人员的资格认定、评估信息的来源等都需要有相应的法律规定,以保证评估的公正、可信和效率。从中国目前的情况看,财政支出绩效评估法律、法规建设近乎空白,制约了绩效管理工作的深入开展。为此,首先,要加快财政支出绩效管理的法制化建设步伐,在《预算法》、《审计法》、《教育法》和《义务教育法》等法律中增加绩效管理的条款,通过强化财政支出绩效的法律地位,加强财政绩效管理的约束力。其次,各级人大对政府财政收支预决算的审查要从合规、合理、合法性审查向绩效结果审查转移。第三,要研究制定《财政支出绩效评价准则》、《财政支出绩效评价办法》、《财政支出绩效评价指标设置及标准》、《财政支出绩效评价结果应用》等制度和办法。第四,要建立财政、使用财政资金的单位、审计、监督机构、社会中介机构在绩效评估管理中的工作制度与规则,明确业务分工和职责。

三、动态改进评估指标体系

绩效指标和绩效标准体系缺乏科学性和合理性是绩效评估系统的设计工作中最关键也是最困难的一步,它是目前制约中国绩效评估实践的瓶颈,因此,建构一套科学合理、具有可操作性的绩效指标体系,在推进中国的义务教育绩效评估工作中有着举足轻重的作用。因此,要想继续深入地推进义务教育财政支出绩效评估工作的开展,首先需要解决的问题就是绩效评估体系的完善。

首先,在评估指标体系的构筑中,应设置更多的软性指标并赋予相应的权重。由于目前所存在的各种义务教育财政支出绩效评估指标过多地关注教育财政投入的数量产出、忽视其更深层次及更广范围的社会溢出成果,因而导致了对义务教育硬件设施投入的过分追逐。在所调研的农村地区,由于希望工程和中央财政的扶植,很多中小学的校舍和设施都是按照非常高的标准建造的,而在这背后,正式教师的缺编和农村教师待遇低等问题却被掩盖起来。教育工资无法使高质量的教师安心在农村教书,许多教师不但下课后经营小买卖并且一旦有机会就往县里调动工作。试问没有好的教师,如何保障教学质量? 因此,这极大地影响了农村地区义务教育的质量,而这些原因在目前注重财政资金使用的数量产出的评估指标设置下是无法被发现的,因此,只能产出逆向的引导作用,最终的结果就是虽然有窗明几净的教室,有现代化的设备,却因为没有好的教师而无法提高义务教育的质量产出。所以,适当地关注义务教育的质量产出,对于评估结果的正向导向作用具有重要的意义。

　　其次,在操作层面上,评估技术和方法依然有待完善。在评估信息收集和甄别技术、质的量化技术、以复杂的数学模型为代表的分析技术的引入和运用方面还有待提高。同时还要注重绩效评估数据的信息化管理,使整个评估在操作上摆脱"手工操作",提升绩效评估的科学化程度。义务教育财政支出绩效评估需要运用数学方法来处理和分析评价信息。在数据分析环节,尽管使用定性分析方法和定量分析方法,可增强评估结果的可信度和可操作性,这种追求精确量化的倾向使评价向客观化、科学化的方向迈进了一大步。但是,鉴于今天的科学发展水平,要对评价信息做到全部量化是不可能的,并且一些定性方法对评价仍是必要的。即使是对于总量化的评价信息,在操作过程中,也要遵循"定性—定量—定性"的规程,真正做到评估结果可靠和有效,避免最终结果转化为上级行政部门平衡各种下级关系的手段,从而严重影响评估的有效性和可信度。

四、加强专业机构作用,提高绩效评估公信力

　　作为一种外部评估,独立的第三方进行的外部评估,它是指由政策制定者与执行者之外的人员进行的正式评估,包括受行政机构委托的研究机构、专业评估组织(包括大专院校和研究机构)、中介组织、舆论界、社会组织和公众、利益相关者等多种评估主体[1]。中介组织的评估独立于政府行政部门之外,能较大程度地保证评估的客观性,有利于政策评估的科学化。由于外部评估者的地位比较超然独立,其评估结论一般不带偏见,常常比较公正客观。如美国的兰德公司作为一个独立的社会组织,近年来大量从事教育政策的评估工作,为联邦政府和州政府提供决策服务。类似的机构在美国还有布鲁金斯研究所、现代问题研究所、政策研究所、总会计

---

　　① 程祥国,李志.独立的第三方进行政策评估的特征、动因及其对策[J].行政论坛,2006(2):51-52

局,英国的伦敦国际战略研究所等,都属于第三方政策评估机构。就中国教育财政支出的绩效评估而言,目前大多依靠政府内部评估方式进行体制内的评估,也就是指主要由教育行政机构内部的工作人员进行的评估,这是一种较为传统的评估方式。这种评估一般通过专门的教育机构进行,如国务院所属法制局、教育部的政策调研室以及地方政府教育部门的政策研究中心等,专门负责政府政策与部门政策的评估活动,且多在每年年底对教育政策施行情况进行评估。但评估的结果因为缺乏社会组织和社会公众的参与以及缺乏透明度,往往造成一定程度上的评估失效。

随着农村义务教育绩效评估工作的深入,在完善政府内部绩效评估管理体系的基础上,应当适时引进外部专家智力和借助社会评价机构以提高绩效评估的客观性和可信度。首先,可以考虑建立绩效评估专家数据库。针对不同的义务教育财政支出项目,逐步细化绩效评估指标,分门别类建立相应的评估体系和专家团队。对专家数据库实施动态管理,每次评估时可以动态地确认评估专家的名单,进行封闭式评估。其次,可以考虑将义务教育财政支出的绩效评估工作委托给和项目没有任何利害关系的第三方评价机构,由第三方对教育部门的绩效进行评估,以求评价结果的科学和公正。需要明确的是,建立专家数据库和委托第三方评价机构对项目进行测评、打分,仅仅是工作的一种手段,而不是目的。更为重要的是,要在此基础上,请专家或第三方机构结合其评估过程,提出修正和改进方案,进一步优化财政资金的使用质量,并通过绩效合同的方式将目标(结果)和预算资金更好地结合起来。在进行客观评估的基础上,可以考虑建立一个公共发布网站。在这个网站上,将专家和评估机构对项目的评定结果在网站上进行公布。对于这些项目及其绩效,公民可以按照项目名称和关键词以及话题逐一查询。通过网站公布绩效考评的结果,可以让整个考评体系更加透明。同时,也可以让社会各界广泛监督绩效评估的进展和效果。

第三节 构建农村义务教育财政 支出绩效管理体制

通过前一章的分析我们可以看出,在影响农村地区义务教育财政支出绩效的各个指标体系中,地区经济水平的高低、财政资金投入的制度安排以及当地教育部门的努力程度实际上决定着义务教育财政支出绩效水平的高低。而地区经济发展对义务教育的贡献度和教育部门的努力程度在很大程度上可以通过财政投入的多寡和义务教育财政资金的使用效率两个因素来衡量。

目前,尽管中国地方政府正在方兴未艾地推行义务教育绩效评估工作,但是实际上绩效评估结果与这两个决定因素之间还是缺乏有机的联系。当前中国各级政府的义务教育评估工作大多还处于"利用评估工具调查实际情况"的阶段。因此,义务教育财政支出绩效评估的下一步工作的重点就是探寻如何有效利用绩效评估数据来循序渐进地推进义务教育财政支出绩效管理工作的开展,建立评估结果与财政投入正向反馈联系,利用目标管理中的激励机制和市场经济中的竞争机制,真正通过义务教育财政支出绩效评估工作改善义务教育质量,用义务教育财政支出绩效评估工作来推动义务教育财政绩效管理体制的制度性建设。

同时需要着重指出的是在现阶段研究义务教育财政支出绩效问题,绝不意味着用绩效拨款的方式来武断地代替目前正在使用的传统的"增量预算拨款和转移支付拨款"方式,而主要目的在于"摸清义务教育,特别是农村义务教育的实际情况",利用绩效评估提升财政支出资金的使用效率。同时,基于公平的考虑,在引入财政支出绩效评估机制之后,更应当对主要因投入不足而引起的义务教育绩效落后的问题给予更多关注,通过增加财政主渠道拨款加大教育落后地区的财政投入力度。因此,在优化农村义务教育财政支出绩效的政策建议上,本书建议采取两条腿走路的方式,从多元化增加义务教育财政投入和利用绩效管理优化财政资金使用效率两条途径来改善目前的义务教育财政支出绩效。针对目前农村义务教育的具体情况,一方面,要加大农村义务教育财政投入,继续扩大义务教育在农村的覆盖面,努力实现义务教育普遍服务,加大对西部地区水源保护区的义务教育和职业教育转移支付力度,针对其自然承载力弱和人口净迁出区的现实,通过生态补偿机制实现河源上游地区的人力资本积累,实现人口的加速转移和产业结构的蛙跳,解决东部地区劳动力短缺和中西部地区农村劳动力过剩的劳动力结构性失衡;另一方面,在农村义务教育的财政支出上实行绩效管理,通过由下而上的教育需求表达和由上而下的政策引导,通过结果导向的责任制放权,逐步实现教育行政部门的宏观调控与学校自主微观管理的有机结合,逐步实现农村义务教育由政府垄断经营向政府供给与市场化运行有效结合的转变,通过加大财政投入与绩效管理的双重手段,逐步实现农村义务教育财政支出由政府单一供给、县域静态拨款、教育质量评价、拨款养机构转向社会多元供给、全国动态拨款、教育绩效评估和拨款买服务,最终提升义务教育财政支出的绩效水平。

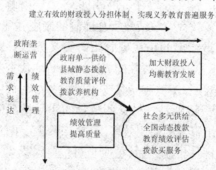

图 5.1 农村义务教育财政支出绩效优化示意图

一、建立有效的农村义务教育财政分担管理体系

从目前的农村义务教育分权体制来看,中国农村义务教育分权实际上主要是分责,即事权的下放。这种分权可以分为几个层面:首先是中央政府与省(市)级政府分权,中央政府将兴办基础教育的责任转移给地方政府并赋予地方政府一定的财权,如征收教育费等;其次,省级政府也效仿上述模式将基础教育事权层层下放给县、乡镇、农村,同时在教育筹资政策上给予一定的松动:收取学费、农村教育集资等。在中国现行财政体制中,虽然中央和省级财政筹资能力相对较高, 但其义务教育的责任却微乎其微。凡在义务教育公共投资中承担责任的一级政府,均有相应的财政能力,这是其履行投资责任的基本条件。在中国,越到基层义务教育人口会越多,但其经济实力及相应的财政能力却越低。与中等教育相比, 初等教育发展中这种财权与事权不对称的程度尤甚。中国经济发展中的一个典型特征就是城乡之间和各地区之间的不平衡。由于大部分人口集中在农村,集中在经济比较落后的地区, 中国义务教育的重点和难点主要在农村和经济不发达的地区。从目前情况来看,中国经济发达地区已基本普及初中教育,有些地方甚至提出普及高中教育的口号,而经济落后地区普及小学教育都困难重重。要使义务教育在中国顺利实施,关键是要消除这些客观因素的不利影响,在全国范围内尽快为普及义务教育创造良好的条件和环境,以保证各地区义务教育能均等发展。因此从理论上讲,提高义务教育的水平及其普及程度,就不仅仅取决于某一地区的经济发展水平,而应该由一个国家的整体经济实力和整体经济发展水平而定。

从国际比较来看,尽管欧美国家在实施义务教育的早期所采取的是分散式基础教育投入体制,但是后来的事实证明这种低重心的投资模式给当地政府带来了巨大的压力,最终使得义务教育的推行面临着重重困难。中国今日所面临的困难恰似当年西方发

达国家所遇到的困难一样。作为应对措施,各国纷纷改革公共投资的体制,将投资的重心上移。在当今世界,虽然各国财政体制相差很大,但义务教育的公共投资主体大多集中在中央或(和)高层地方政府。

因此,建立有效农村义务教育财政投入分担体系,应该遵循财政顶层设计、全局覆盖的理念,由中央和省级政府承担义务教育财政供给的主体责任。中央和省级政府承担义务教育的主体责任后,可以实现义务教育的:(1)非歧视性。提供的教育产品与服务对全体社会成员而言是公平而且机会均等的,即不受收入多寡、所处地理位置、种族、性别、年龄等因素限制。(2)可获得性。即全国范围内的所有社会成员无论何时何地,都能够以支付得起的价格获得教育普遍服务。(3)同质性。国民在价格、质量和服务等方面得到的服务应是质量相等的。

首先,建立有效农村义务教育财政投入分担体系后,中央政府对农村义务教育实行宏观管理。负责制定农村义务教育的方针政策和发展规划,指导开展教师培训工作,加大对困难地区财政转移支付力度,促进各地区农村义务教育协调发展。从财政的角度讲,就是通过有效的义务教育财政转移支付体系实现义务教育区域均等化,通过测算地方政府(特别是县级政府)在其管理辖区内提供农村义务教育时所产生的财政缺口,上级政府给予下级政府用于义务教育发展的财政补贴。只有低于某一财政支出标准的地区才有资格获得义务教育转移支付。生均教育经费是衡量地区教育财政支出的核心指标,因此可由生均教育经费最低标准来衡量某地区是否具备义务教育转移支付的资格。通过全国教育经费平均值乘以一个最低标准调整系数是计算最低标准的一种可行方法。最低标准调整系数需要根据国家的实际财力以及实际经验来确定。

某地区义务教育转移支付额 =(该地区义务教育标准支出 −

该地区义务教育标准收入）×地方政府努力程度调整系数。

其中,某地区义务教育标准支出＝该地区小学标准支出＋该地区初中标准支出。标准支出是完成义务教育所必需的师资、教学设施的基本支出,这根据教师编制、教学设施标准、学生数量和补助标准,以及各地的工资、物价、自然条件等客观成本因素,用统一的计量模型计算。

地区义务教育标准收入是指一个地区的财政在对义务教育的中等努力程度下,可以负担的义务教育经费。这根据经济指标、税率等因素,用统一的计量模型计算。

地方政府努力程度调整系数应根据各地区义务教育支出占财政支出的比例来确定。根据统计数据,若财政支出增长 1 个百分点,教育支出增长 5 个百分点,则最低标准调整系数可由下式计算:

$$Z = \frac{（教育支出占财政支出比例全国平均值 - 地区教育支出占财政支出比例）\times 5}{100}$$

其次,随着地方财力不断增强和中央转移支付不断扩大,省级政府统筹发展义务教育的作用和能力将进一步增强。要通过调整财政支出结构,加大省级转移支付力度,合理使用中央财政的转移支付资金等措施,重点支持财政困难县发展农村义务教育。具体职责是制定发展规划,建立实施规划的责任制,明确地方各级政府实施规划的责任。核定农村中小学编制,调整财政体制和支出结构,安排转移支付,统筹财力,帮助并督促县级政府确保教师工资按时足额发放。制定农村中小学公用经费发放,制定合理的农村中小学收费项目和标准,建立消除农村中小学危房的工作机制。组织教育对口支援,支持贫困地区义务教育,推动建立助学制度,加强对下级政府教育工作的督导检查。各省都要尽快制定中小学生均公用经费标准,重新核定农村中小学公用经费的最低支出水平,设立学校基建专款,逐步降低公用经费从杂费中开支的比例。

再次，县级政府应统筹规划农村义务教育的发展，逐步调整农村中小学布局，保证义务教育阶段适龄儿童少年按时入学；建立规范、稳定的经费投入保障机制，确保中小学教职工工资、正常运转经费和危房改造所需资金；核定中小学学校的教职工编制，指导农村中小学教育教学工作，负责农村中小学校长、教职工管理，维护学校治安、安全和正常的教学秩序，开展助学活动，对乡镇政府和农村中小学进行督导评估，全面实施素质教育，提高教育质量。

应以县为单位分县测算教育成本，县域教育总投入建立以中央为主、省级配套的教育投入体制，确定中央和省对县级教育投入比例，省级教育专户以县为单位将中央、省、县各级应承担的教师工资、项目专款、城市教育附加、公用经费、贫困学生救助资金等各项教育投入足额收归省级统管，分年度在每年1月和7月两次拨付到县级教育专户，省到县的教育专款不分项目。县级教育专户根据教育成本和学校学生数在每学期开学学生报名入学后的第二个周将款拨付给学校，学校根据发展规划和当年实际合理确定教师工资、学校建设、运转经费等各项开支项目。各学校利用现有的政府投资建设的教育资源实行租赁经营，每年向政府缴纳一定的费用。教育、审计、财政等部门负责做好监督审计工作，保证学校支出合法真实，保证政府教育投入资金的使用效益。

最后，需要特别指出的是，把财政资金用到农村，实现义务教育的普遍服务决不意味着"撒胡椒面"式均匀分配财政资金，而应该是集中优势教育资源，实现教育供给的相对集中，提升义务教育质量。义务教育资源应逐步向乡镇中心校和县城学校集中，通过农村道路等基础设施建设逐步降低人员流动成本，通过建设寄宿制学校间断学生的乡土文明情结，逐步实现劳动生产力的浓缩。同时，通过配套义务教育服务的全覆盖，实现教育服务的全区域可获得性，实现基本的生存权和基本的发展权，保障弱势群体最基本的受教育的权利。

二、"绩效 + 拨款"的预算管理模式

就绩效预算管理而言,它是一种以结果为导向的财政拨款方式。"绩效预算"最早是 20 世纪 50 年代由美国联邦政府提出来的,20 世纪 90 年代初的预算改革中,美国联邦政府引入企业管理经验,提出了"绩效管理"概念和评价机制,并进行了绩效管理改革。其内涵可以表述为,绩效预算是一种预算拨款与行政绩效挂钩的财政预算管理模式,其对产出实际效果的考量,并通过评价反馈给预算拨款机构已动态的影响下一年度的预算拨款额度,可以有效地通过奖惩机制引导职能部门完成政府的政策目标。由于义务教育具有绩效指标可以计算和进行监督,因而是适用于绩效管理的。由于绩效管理能对学校的在校生人数和质量等进行综合考量,解决了教育管理中的一些难题,因而 20 世纪 90 年代以来,西方国家已经在教育上广泛地采用了绩效管理。

从理想模式来看,绩效预算编制应该实现绩效和预算分配的挂钩,这种挂钩将会形成如图 5.2 所示的预算投入、执行、产出、结果和影响五环节相封闭的绩效管理环路,通过战略规划、预算与规划的关联、监测与评估和反馈系统四个过程的逐步演进,形成责任导向和反馈控制的绩效基本理念和管理新模式。与传统的预算分配不和绩效直接相挂钩的绩效预算编制模式相比,两种绩效预算编制模式的重要差异就在于预算分配是否直接和绩效挂钩,也就是流程图中的最后一个环节与第一环节所组成的封闭回路,如果预算分配直接和部门绩效挂钩,那么最后一个环节在预算编制中的作用就相当关键,对最终影响的评估将会直接影响下一年预算年度的财政预算投入。

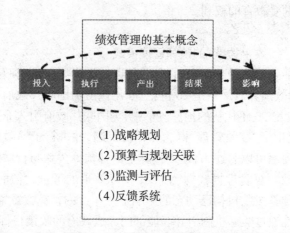

图5.2 财政支出绩效管理流程图

事实上,在目前的财政支出制度安排下,由于基数法拨款方式是按机构设置管理的,而机构设置的支出与效果并不挂钩,于是对于学校来说,政府的资金"不要白不要"。对于县级财政来说,其工作重点就变成了只要达到了最基本的要求(或者说是国家的硬性要求),即保证教师工资按时足额发放,进而保证教育经费有基本的增长便是完成了任务。因此在这种绩效目标的安排下,上级财政加大对县(市)财政转移支付力度的同时,也部分"挤出"了县级政府原有的义务教育投入。农村义务教育财政负责层级上升和大量转移支付下拨的情况下,县级政府对教育投入的努力程度不仅没有增加,义务教育经费占县一级财政支出的比重反而普遍下降了,这就出现了"激励不相容"的制度缺失,最终引发了财政资金使用的逆向激励。而实现义务教育财政预算的绩效拨款的目的,就是要通过构建义务教育财政支出绩效评估结果与义务教育财政拨款之间的反馈机制,逐步形成县域财政部门对农村地区义务教育产出的关注。改变过去财政部门、审计部门只关注资金使用过程合规性检查,而忽视资金使用实际效果的"花钱买机构"的拨款理念,逐步形成按实际效果拨款"花钱买服务"、"少花钱多办事"的拨款理念,逐步建立基于客观评估结果的义务教育产出绩效问责制,使基层地方政府更加关注义务教育服务的质量。这将有利于优化教育资源配置,提高资金使用效率,避免目前基数法拨款条件下所形成的"激励不相容"的制度缺失。

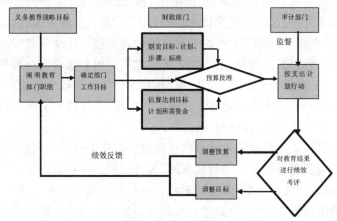

图 5.3 义务教育绩效预算编制流程

可以看出,以绩效管理为基础的教育预算编制谋求的是更客观评价教育部门支出取得的成效,更高效率地配置教育资源。在这过程中,最关键的是明确任务、目标,制定支出项目。按支出计划行动,根据标准跟踪评估,这是绩效预算的中心内容。支出内容与其所服务的规划紧密相连。根据总的工作规划,着重考核预算支出,使绩效评估渗透到教育系统的每个环节。根据评估结果来进行责任和控制的考核,同时进行调整和改善,这是绩效预算对教育部门产生调控作用的重要环节。评估结果反映了教育预算支出后完成任务的情况,是否达到标准,家长是否满意,可做出哪些改进和调整。将实际的项目结果与之前确定的标准相比较:如果教育部门提供教育服务无法令政府和公众满意,政府则可以考虑将这部分教育服务的提供权出让给私人部门，政府从中退出，或者撤销该部门，促进教育服务公共提供与私人提供之间的竞争。

在实行绩效拨款改革后，首先在拨款上打破了基数，采用按生均标准拨款，通过与校长签订预算目标责任书，建立预算拨款与学校教育效果的联系，让校长承担教育质量的责任，由于教育质量与生源有密切关系，实行按生均标准拨款后，生源流失就等于收入流失，这就促使学校主动做好工作，减少生源流失，这就将"激励不相容"调整为"激励相容"，使学校利益与社会利益最大限度地一致起来。同时，由于绩效拨款也被应用于转移支付效果的考核，没有相应县级财力的支撑，转移支付的效果就会打折扣，这就会影响下一年度的转移支付额度。因此，县财政的义务教育挤出效应将会得到有效的遏制。

对于义务教育绩效预算制度建设，首先应取消现有学区制、教师编制对学校校长的行政束缚，教育局根据计划，将培养任务、质量指标、复读率指标，连同学校预算与校长签订目标责任书，校长组织教职工按时、保质地完成教育局分给的任务。如果校长没能完成预定的任务，将会受到市场出局和预算削减的"双重制裁"。取消学区制后，县教育局和乡镇政府将承担义务教育普及率和控制辍学率指标的责任。同时，在签订目标责任书后，应赋予校长应有的权力。结合人事部门事业单位改革方案，赋予校长在目标责任书范围内的人、财、物的调配权，包括聘请教师、组织教学等。但校长应当聘请有教师资格证的合格教师，并对教学质量负责。在学校内部管理方面，教育行政主管部门不应过多地干涉，而应给予校长相应的自由。同时，应当建立包括提名、聘用、考核、薪酬在内的校长考评机制。

按照目前县级教育事业统归教育局行政管理的体制，绩效预算的拨款应包括财政局对教育局一级预算单位的拨款和教育局一级预算单位对学校二级预算单位拨款两个步骤。财政局首先对教育局按生均教育经费(包括建设费)拨款。其次,教育局在剔除按"一费制"收取的学杂费的基础上,对各个学校按学生数量进行拨款。其流程设计为:

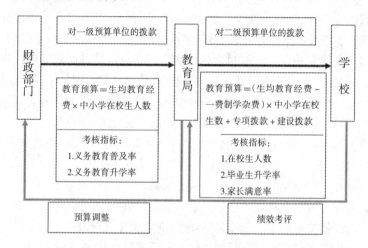

图5.4　义务教育绩效预算拨款流程设计

因此,实施全面的义务教育财政绩效管理和评估是保证中国义务教育顺利实施和提升教育质量的关键。推行绩效管理,将可以通过建立结果导向的义务教育质量评估体系、学校绩效与教育预算挂钩机制以及学校内部的奖惩机制,优化教育资源配置,提高资金使用效率,实现义务教育财政支出与义务教育质量的直接联系,提升义务教育公共服务效果。

三、推行义务教育服务供给市场化管理

农村义务教育的属性虽然是公共产品,需要公共财政的投入,但绝不意味着义务教育的供给也应由政府运营。西方的基础教育改革的大量事例都说明,实现义务教育的公共财政供给和市场化运作相结合的模式可以极大地提升义务教育的绩效。科层体制管理下义

务教育供给会导致教育低效率与低质量，其根本原因在于学校过度依赖公共财政支持，人事和财务制度的集权，使得学校之间缺乏公平竞争机制和教育资源的自由流动。公平竞争机制将赋予参与竞争的学校以自主权，通过公平竞争机制则能够使学校在公平竞争中获取更多的优质资源，不断提高办学效率和质量。事实上，在调研中我们发现目前中国广大农村地区的义务教育行政体系所建立的人事编制制度、学生的学区管理、校长的行政任命、学校布局的分散化仍然是一种适应农村文明的具有计划经济色彩静态化的教育管理模式，其直接后果就是学生的补助、教师的工资保障、学校校舍的维护都会随着时间的推移和经济社会的发展而走上一条自我膨胀的道路，教育投入处于无限刚性膨胀的状态而不能自拔，教育投入成为捆绑在政府身上的一个越背越沉的包袱，一旦处理不好就会引发社会发展的停滞和社会不稳定因素的迅速积累。一个突出的表现就是"普九"教育所留下的学校欠债问题，而且由于各级教育主管部门及学校负责人都有财政最后兜底的心理预期，使得巨额债务偿还危机的出现并没有阻碍负债的膨胀，在债权人看来县乡财政不存在破产的可能。在统一的国家信用体系下，由于政府债务逆向传导作用，单一制政体的国家中地方财政会向上转嫁债务风险。这样一来，最后的解决办法便是基层负债提供农村公共物品最终要回归到财政偿还，这种回归最终又将面临一个二难选择，累积的巨额债务远非债务当事方——基层财政一家所能偿还，需要高端财政的支持，然而高端财政(中央和省级财政)的直接援助又容易引发"道德风险"，类似这样的财政隐性负债将大大地加大财政运行的风险，降低了义务教育财政供养政策的可持续性。

为改变现行义务教育财政逆向激励机制，我们需要引入财政正向激励新机制，通过上级财政的转移支付激发县乡财政的活力，用自由市场供求机制打破义务教育领域的政府垄断，这意味着地方政府、特别是县级政府要转变政府义务教育垄断提供者身份,成为义务教育服务购买者和仲裁者,实现义务教育服务的提供者(学校)与义务教育资金的供给者(政府)之间的分离,剥离公立学校与政府之间的特殊关系,使公立学校与民办学校通过市场的公平竞争机制都可能享受公共财政的资助。同时,改变政府和公立学校垄断义务教育的局面,通过引入民间资本,实现包括私人和民间团体在内的教育服务供给者的多样化。通过引入结果导向的需求方机制,实现基层义务教育提供部门的自我运转和财政风险社会分担机制,为政府解困,促进教育行政管理职能的转变,使政府摆脱现行的义务教育的供给者和提供者的双重身份,实现政府身份由运动员向裁判员的转变,最终实现教育投入自身膨胀向各学校自身发展和自我运转的转变。

首先,县财政的定位从义务教育财政全额供养逐步向财政"催化"、管理放权和投入激活三方面转化。在加大对中西部地区义务教育投入的趋势中,政府的作用与定位显得异常重要。因为,政府往往是经济增长的发动者,也是公共服务提供的"关键行动者"。在战略目标的制定、义务教育普遍服务的确立以及财税等公共政策的提出中,政府往往起着主导作用。但是,政府的公共教育供给作用毕竟是暂时的,政府的定位只能是均衡后发地区的教育服务的启动器与催化剂。因此,县级财政必须建立财政投入激活机制,实现义务教育服务的提供者的活力和主观能动性。

其次,在学校内部,应通过引入市场机理运作、内部竞争和内部激励,通过放权打破现行教育行政管理体制对学校管理创新的束缚,逐步通过培育具有企业家精神的校长,实现学校管理企业化;政府应通过"以奖代补"的方式利用市场运作逐步解决学校的历史欠账问题;通过建立教师社会退出机制,打破教师的财政供养身份和工资的"大锅饭",实现教师身份的社会化,对于在岗教师按业绩实行绩效工资制,对下岗教师一方面建立培训上岗制度,对实在不能返岗的教师按照"拆庙养和尚"的改革思路由政府继续支付养老保险和医疗保险等社会福利,自谋职业。

最后,在学校之间通过引入教育券制度,通过学生学籍管理的电子化和网络化,赋予学生接受教育服务的选择权。学校通过教育券参与资源有限的教师工资、公用经费和学校建设款项竞争,教育行政主管部门只负责教育券市场的规则制定、仲裁和学校资质评定工作,为教育行政管理松绑,为财政投入松绑,最终在财政资金有限的情况下,实现各个学校的自我运转。

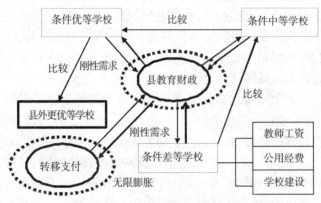

图 5.5　现行义务教育财政资金运行图

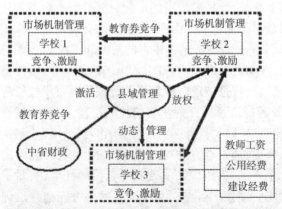

图 5.6　市场化运作模式下义务教育财政资金运行图

四、重视义务教育质量评估的需求方管理

义务教育的需求方管理理念是美国著名的诺贝尔经济学奖得主弥尔顿·弗里德曼(Milton Friedman)所提出的教育凭证理论的核心思想。教育凭证制度的具体做法是:政府不再直接开办学校或给学校拨款,而是将用在每个学生身上的生均教育经费以有价证券的形式发放到每个家庭,家长可以自由选择子女就读的学校,学校再到政府有关部门将教育凭证兑换成现金。在教育凭证思想体系中,政府的作用只在于为学校发展制定一个标准,家长在符合政府标准的学校里进行选择。这样,家长有了更多选择权,学校有了更多自主权,教育在一定程度上按照市场模式运作,其目的是试图避免教育权力过于集中,促进公立学校间的竞争,实现教育财政投入的需求方管理。这种方式既能保证政府对教育的投入,又赋予学生和家长自由择校的权利,进而促进公、私立学校间的公平竞争,最终提高整体的教育质量。

首先,教育券制度的实施打破了政府垄断提供教育服务的模式,将公共教育资源的所有权与经营权分离;教育服务成为多中心提供,其表明了"政府公共政策对公民需求的回应性",发挥了资源配置作用,体现了政府的政策导向。其次,教育凭证制度在保证不失去传统公立教育意义的同时把能自由选择的受教育权还给社群,义务教育不再是学生的义务而是权利,即使是低收入家庭的学生也能根据自己的意愿、兴趣、能力、宗教或文化传统自由选择心仪的学校或课程,形成一个更好的公民偏好显示机制(消费者是判断效率的最好裁判),节约了交易成本。再次,教育券制度保证了教育效率与公平齐头并进,教育凭证所包含的公平意义有:(1)学生的公平待遇。教育凭证所带来的自由择校进一步体现了教育民主化原则。(2)学校的公平待遇。教育凭证制度优化了教育投资环境,对不同体制的学校一视同仁,民办学校开始享受"国民待遇",能够吸引更多的民间资金流入教育领域。最后,教育券

制度实现了教育服务的多样化与特殊化协调发展。人们对教育服务的需求多种多样，而政府垄断提供教育服务减少了教育服务的多样性。

因此，农村义务教育的需求方管理可以有效提升农村地区教育服务的效率。正像有学者指出的那样，由于"自上而下"的公共品供给机制未形成农民充分参与公共品供给决策的民主权利，农民缺乏有效的需求偏好表达机制（贾康、孙洁，2006）。所以，加强农村公共需求的满足，有助于增加财政支出的实际效果，通过由下而上的制度设计，引导农民需求表露，并结合市场机制调动多元主体的积极性，配之以自上而下的政策引导、激励和资金支持，可以增加农村义务教育供给的实际效果。

中国的湖北监利、浙江长兴等地已经在教育券制度进行探索实践并取得了一定的经验。2002年底，湖北监利县就开始将教育的困境和改革的思路写成报告，向省、市反映。最后在2003年10月形成"监发17号文件"《关于基础教育综合改革的实施意见》。其核心观念是"教育服务的市场化和财政拨款的绩效化"，广度和深度都远甚于用于扶贫、扶民和扶技的浙江长兴"教育券"改革。17号文件称："从2004年起全面实行'义务教育卡'制度，即政府把投入义务教育的经费均摊到每个学生，并以'教育卡'的形式发放到学生个人，让学生根据对学校的评价自主择校消费。""公民办学校均可凭所收到的'义务教育卡'到县财政领拨相应的办学经费。"同时，"政府设立义务教育经费专项账户，将上级转移支付用于教育的资金和县级财政对义务教育的投入全额进入专户，不得截留或者挪作他用。"在政府为之办理养老保险和医疗保险以后，公办教师的"铁饭碗"将被打破，在教育行业中形成教职工自主择校、择岗和身份能公（办）能民（办）、职务能升能降的用人机制。学校按照教职工的岗位和业绩付酬。"监发17号文件"称：此次改革后，学校将真正成为独立的法人和名副其实的办学主体，将政府过去对学校的高度计划管理改为学校自主管理。改革之后的县教育局则将变成一个"行业主管部门"。同时,县人事局、编制办、财政局和物价局、劳动和社会保障局等部门对教育系统的管理职能也随之"变微观管理为宏观管理"。宏观管理后,教育部门将通过教育券的形式从传统的"花钱设机构"逐步转向"花钱购买优质教育服务",真正实现教学质量与财政拨款的有机结合。

表 5.1 长兴教育券模式与监利教育卡模式比较

项目 比较类别	中国长兴县教育券	中国监利县教育券
实施年份	2001 年	2003 年
政策目标	促进教育均衡发展 扶持民办教育和薄弱学校 扶困助学	改革义务教育的投入体制 解决教育经费不足 关注选择自由
经费来源	政府拨款 部分预算外教育经费 捐款、基金等多渠道来源	政府原有教育经费转换为 教育券经费
补助金额	不足以支付全部学习费用 为一次性补贴	基本等于生均成本、每学期 发放
申请对象	民办学校就读的有本地户口的 义务教育阶段学生 职业高中学生 贫困家庭学生	已用于该县所有基础教育 阶段学生
补助形式	教育券	教育卡
补助阶段	义务教育阶段(就读民办学校) 职业高中义务教育阶段 (贫困学生)	义务教育阶段
补助时间	入学后	入学前
使用范围	民办学校、公立职业高中	公办和民办学校

学校招生方式	学生到政府指定学校就读	自由选择为主、政府引导为辅
政策成效	职教和普教得到协调发展 吸引外资投入教育 民办学校的办学规模有所扩大 帮助贫困家庭子女完成学业	未能实施
学校资格	政府指定	符合资格者都可以参与
政策背景	扶持民办教育、职业教育	弥补教育财政投入不足
监管方式	不充分	不充分

第四节　义务教育财政支出绩效优化的路径选择

"渐进式"改革符合中国改革发展的现状,因此"渐进式"的绩效优化也适用于农村义务教育绩效评估转向绩效管理的实践。从转型期义务教育绩效优化的路径选择上看,增加中央级、省级财政供给,构建封闭式的义务教育普遍服务基金,推行县域教育卡改革,实现财政拨款与教育绩效的挂钩,这些尝试将有利于构筑义务教育普遍服务体系,完成义务教育财政支出绩效评估向绩效管理的转型。

一、构建义务教育普遍服务基金

虽然财政资金对义务教育的投入具有义不容辞的责任,但是这并不意味着义务教育所需资金必须由政府全部埋单,既发挥财政资金的基础保障性作用,同时又发挥财政资金的"四两拨千斤"作用,充分吸引社会资金投入义务教育事业,这是提升财政资金投入绩效的重要手段。建立义务教育普遍服务基金,合理分配教育资源,可以整合全社会的教育资源,实现财力集中、使用规范,从而提高使用效率,以期实现资金的多元筹集和实现资金投入的封闭运行、降低资金的监管成本。因此,财政部、教育部应适时起草《义务教育普遍服务基金管理办法》[①],成立义务教育普遍服务基金管理中心,实现管理中心审批、管理资金进出,各省、市、县银行托管资金账户的基金管理模式,建立学生累计信用体系,制定贫困生贷款和救助实施细则,通过资本运营实现义务教育普遍服务基金的保值增值。基金可委托专门基金组织或独立基金公司运营管理,收支两条线。从资金来源看,由于教育尤其是义务教育是政府的责任,因此政府财政应承担大部分出资;营利性教育企业应按照一定比例向教育基金缴纳资金,以市场筹资为有力补充;此外,个人、机构捐赠的资金也是重要来源,这样,充分体现各方的社会责任。筹资原则应遵循公平、合理、效率扭曲最小化。从基金的分配使用来看,可以采用差异投入的分配模式,突出政府投入对农村教育的倾斜政策,使不同地区、城乡之间的教育达到相对均衡。

同时,必须承认的是义务教育普遍服务基金的设立是一个环环相扣的科学流程。所以,完成义务教育普遍服务基金的设立可以考虑以下几个环节:第一,确立义务教育普遍服务体系的专门管理机构,来确定义务教育普遍服务义务及相应的普遍服务项目,并根据实际经济社会现实制定针对不同教育服务应提供的普遍服务水平,制定普遍服务基金的使用管理办法,同时监控普遍服务的实施与质量和各项普遍服务基金的运营与管理。第二,设

[①] 在相关研究中,马国贤从农村义务教育资金多极分担方式选择的角度研究了国民教育基金与中央、省、县三级政府分担资金的关系,并在此基础上提出了三种基于国民教育基金管理的三种具体的资金管理方案。详见财政部教科文司、教育部财务司和上海财经大学公共政策研究中心的研究成果,中国农村义务教育转移支付制度研究,上海财经大学出版社,2005:174~178 页。

立义务教育普遍服务基金管理机构。义务教育普遍服务基金的管理机构是非营利性组织，主要职责在于建立以成本补偿为核心的"普遍服务基金"，以弥补市场失灵。普遍服务管理机构的日常事务由专职工作人员处理，聘请来自经济、财务、技术方面的专家组建委员会，负责具体义务教育项目的评审和重大课题研究，以减少开支，体现效率和决策的科学性。第三，科学设定义务教育普遍服务基金的征收比例，这是基金建设最重要的环节。通过财政或政府基金，实现富裕人群或发达地区的人群对农村和偏远地区人群的补贴，体现教育投入的再平衡作用。针对受补贴地区的申报，主管部门将需要普遍服务基金补贴的地区上报普遍服务基金管理机构，并对该地区的自然状况、经济发展水平等特征进行详细描述。然后进行项目排序，按照普遍服务规划，结合每年的补贴预算，对申报项目优先顺序进行排序，对实施成本低且相对容易的项目优先安排资金，根据最后的预算额度，发放补贴资金。最后，管理机构会同地方相关管理部门，加强内外部监控，对资金的使用和普遍服务实施的进度与质量进行审计、监督与后评价。第四，规范与监管义务教育普遍服务基金的使用。科学筹集来的普遍服务基金只有规范地针对特定项目使用出去，才能发挥其相应的职能与作用。避免引起成本负担不公、基金发放混乱、成本超额补偿或补偿不足、出现基金缺口等问题。财政不应当建立基金项目跟踪审查制度，加强内部控制与外部控制，可委托有资质的中介机构，不定期对有关用款项目实施财务审计，对检查出的问题，及时纠正整改。

二、尝试县域范围的义务教育券改革

推行教育卡改革可以视为推行教育券制度一个具体工具和信息载体。推行教育卡试点，首先可以在县域内进行学生信息录入和择校试点。拟试点建立的教育卡制度是将过去政府教育投入拨给学校改为将政府教育投入以教育卡的形式直接拨给学生,学生凭教育卡可以自主选择学校。教育卡实现实名制和有期限制,其内容包括学生所有个人基本信息、学籍信息、学习过程信息、成长过程综合评价等所有学习信息。可根据学前教育、小学、初中、普通高中、职业高中分别印制出不同类型、不同期限、不同面值的卡(面额待定)。"教育卡"由当地乡镇人民政府或者县级人民政府发放。适龄儿童、少年到了接受义务教育的年龄时,由其家长(父母或法定监护人)到孩子户籍所在地派出所领取(或由社区民警送卡上门)。本卡只能在县域内通用,过期作废。学生通过刷卡机将自己的学籍注册在所选择就读的学校, 凭教育卡抵交学费,教育局或财政局通过信息网络平台上看到每个学校在校学生的信息和学生数。学生要求转学后仍然通过刷卡机将自己的学籍注销,再到转入学校注册。学校凭"教育卡"如实向教育局或财政局领取教育经费;教育局或财政局可根据每个学校每个年级 学生人数多少按照分年级测算的教育成本核实后将资金拨给学校。

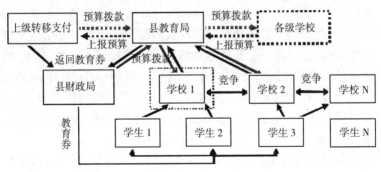

图5.7　引入教育券制度后的财政拨款流程图

在推行教育卡改革过程中,应该加强中小学校督导评估教育券制度,即政府把原来直接投入公立学校的教育经费按照生均单位成本折算后,以面额固定有价证券的形式直接发放给家庭或学生,学生凭教育券自由选择政府所认可的学校就读,教育券可以冲抵全部或部分学费,学校凭收到的教育券到政府部门换取教育经费。教育券制度的理论基础在于以下三个方面:公民有享受公共教育资源的平等权利;对公共教育资源进行竞争性配置有助于提高其利用效率;教育券计划并不减少公共教育资源总量。

鉴于目前义务教育阶段管理的复杂性和改革涉及面过广的现实,逐步考虑在职业教育和学前教育领域先行一步,用三年时间全面铺开,涉及教育改革的领域很多,必须加强教育督导工作,建立中小学办学水平督导评估公示制度。推行教育卡制度后,学生和家长有选择学校的权利,如何让学生和家长用好自己的权利?一个首要的问题就是学校教学质量的评估问题,鉴于由于信息不对称所造成的学生和家长这个消费群体对学校选择的盲目,教育督导部门更要承担起教育监督评估的重任,应逐步建立对全县义务教育的中小学办学水平进行定期、长效的督导评估机制,向社会公示,向社会发布信息。主要从办学条件、师资水平、校园建设、学校管理、普及程度、教育质量这些方面评估。为学生和家长选择就读的学校提供公平、透明、权威的教育信息,使家长和学生花钱花个明白,主要需要公布的信息包括:①办学条件(校舍、教室、教学手段、后勤保障);②师资水平(校长、教师学历、骨干体系);③校园建设(硬件建设、文化建设);④学校管理(制度建设、师生文明程度、师生习惯养成、工作效率);⑤普及程度(适龄儿童入学率、辍学率、义务教育完成率);⑥教育质量(综合评定)。

为了说明改革的可行性,旬阳县教育局专门对教育卡改革的成本进行了详细测算。以 2007 年为基点,实行教育卡改革过渡成本费用为 511 万元。

1.教育卡制度的建立必须建立财政局、教育局、学生信息网络平台;每校购一台计算机、一套软件,补助 1.5 万元,需 165 万元;

2.定制教育卡每生按 15 元成本费计算,需 119 万元;

3.平稳过渡落聘教师,按在职教师的10%落聘,每人补3000元培训费计算,需138万元;

4.体制改革中需办公经费89万元。

表5.2 旬阳县实行教育卡改革过渡成本测算表(单位:万元)

学校类型	总计	网络信息	教育卡成本	落聘教师保障	其他
学前	50	38	4	3	5
小学	266	60	61	70	75
初中	148	57	37	46	8
高中	35	6	13	15	1
职中	9	2	4	3	0
其他	3	2	0	1	0
合计	511	165	119	138	89
		32.22%	23.38%	26.92%	17.49%
备注		每校一台计算机、一套软件、1.5万	每生15元成本费	按在职教师的10%落聘,每人3000元培训费	每校2000元改革办公培训费

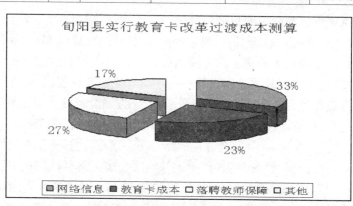

图5.8 旬阳县实行义务教育卡改革过渡成本测算

三、试行项目绩效拨款,逐步实现教育部门绩效预算

(一)以项目预算为突破口,尝试项目资金绩效拨款

在目前县级政府"基数 + 增量"的财政拨款方式下,可以尝试在县教育部门内部实行义务教育项目支出的绩效拨款,运用科学的指标体系,通过定量定性对比分析,对教育项目支出"预算安排—执行—决算"运行管理链建立以绩效为中心的综合评估体系,使绩效评估贯穿教育基建资金支出管理过程始终,分别为预算编制和审查、预算执行和调整、决算审计提供重要信息支持和操作的平台,达到控制支出总量、实现支出配置公平和效率。具体地,就是要通过健全财政投资项目绩效管理体系,使财政部门从教育项目的产出式评估逐步过渡到项目投资的结果式评价,从单个教育项目的绩效评估过渡到通过对整个教育项目投入绩效评估对区域经济和社会效益各项指标提升的影响。

首先,财政部门应参与公共项目预算编制中的决策评价,按照计划项目的轻重缓急和优先次序,对财政资金分配决策情况进行最优化模拟,为项目立项和预算确定提供决策依据。项目预算编制评价包括确定项目绩效目标,形成关键绩效指标,建议使用层次分析(AHP)模型、进行决策评价及提出评价报告。其次,通过设立过程流程图和整套的业绩指标,导入二次相对效益评价模型,来跟踪监控基建支出过程中的项目计划实施进程、具体业务行为表现与资金保障情况,保证预算严格按照设定目标和规定程序运行,并使评价结果成为优化执行和预算调整的基本依据。再次,通过一系列多维度、全方位的绩效考评指标,对预算执行最终结果进行分析、评价和报告,确定基建项目竣工是否达到相关目标和标准,满足该财政年度所提出的预算承诺,探寻影响财政支出管理的因素和改进的目标。最后,建立项目竣工之后的运转延伸绩效管理,将财政项目建成后交付运转的效果与项目立项规划目标对比,检验项目建成后的环境影响、经济、社会效果及项目的

合理性、经济性，并形成具有提升政府绩效意义的政府基建财务报告，披露政府受托分配、管理公共事务和公共资源能力、效果和效益，以帮助其改进和优化政府公共事务决策、运营和管理商品。

建议县政府可以先在财政局内部成立绩效评估科具体负责财政支出的绩效评估工作。选取教育系统的一个具体教育支出项目，建立客观的结果导向性（不是产出导向性）绩效评价指标（初期指标可以比较简化），与教育部门领导签订绩效预算合同，将部门的年度或跨年度的目标（结果）以及需要的预算资金确定下来，明确预期和责任，同时放松对这一部分资金的监管，赋予该教育部门领导一定额度的预算自由处置权（打酱油的钱可以用来买醋）。对项目进度、质量不再直接去查账，把项目资金的使用直接统死，而是对资金的使用采用结果导向审核，增加项目预算自由度。年度终了，根据年初建立的指标体系考核教育部门，完成任务给予预算奖励（包括追加部门预算、增加预算自由处置额度、分享节约预算资金）可以作为部门人员经费、公用经费或者滚入下一年度项目资金；完不成任务，减少部门预算，减少预算自由处置额度等。在试行初期，对完成指标的给予奖励，对完不成指标的给予通报，不施行实质性惩罚措施，从而逐步在义务教育财政支出过程中建立绩效评估的理念，积累绩效评估管理的经验。

（二）完善我国地方政府绩效评估的指标体系

考虑到政府运作在很大程度上是"规则驱动"的，作为被考核对象的下级人员的工作受预先规则的约束，政府官员不一定要对考核结果负责。同时，下级政府官员的考核往往是由其直接上司完成的，对下级的考核实际上是上级对自身的考核。考虑到这一利害关系，上级部门往往会在一定程度上默认下级政府部门的某些不规范行为，即使被监管查处也只会是所谓的监察不力，导致相对中立的评判者角色出现了缺失。因此，为了对不同区县级的地方政府做出公正和公平的绩效考核,必须确定相对中立的考核者。与此同时,由于行政体制上的对上负责纵向考核制度,横向的同级财政部门往往没有足够资格插手同级别职能部门的业务,基于财政资金安全性的审查模式,财政部门只有监督同级职能部门下属财务处室的职能,并没有动机去考察资金的使用效果。因此,事实上,在目前的部门考核中,财政部门实际上是缺位。

以县教育部门为例,县级教育部门的考核指标,行政问责、晋升、名誉物质奖励等纵向的考核政府运营绩效评估往往是比较完善的。但是,就目前各地区县财政局的财政支出职能表述来看①,财政系统没有被赋予资格和权力去考察财政支出绩效,只被赋予了保障财政资金支出安全的职能,财政部门只对资金使用的合规性进行评估,并没有参与纵向的部门评估或者共享评估信息,对预算资金效益绩效评价、预算问责、预算奖励、预算灵活度奖励等预算奖惩机制还没有建立,财政部门只是加强了对资金使用过程的监督,对结果的关注目前还不是财政部门的职能。同时在现有的考核模式下,职能部门的工作主动性往往不足,往往消极被动地执行上级交给的任务。究其原因,第一,纵向主管部门所分配的工作指标有时起到负激励作用,硬性指标往往时间紧、任务重、配套资金少,加之上级对下级的考核指标能够量化的比较少,因此应付的现象时有发生。第二,由于财政专项预算的使用不存在激励效应,剩余的预算资金往往全额缴回财政,部门节约财政资金的动机不足,并没有实现部门考核与部门的结合。如图 5.9 所示:

---

① 县级财政的财政职能一般为强化财政监督,建立和健全各项财政监督制度,指导和管理社会审计,对行政事业单位实施国库集中收付制度,对政府采购实行管理和监督,对财政投资评审工作实行管理和监督,对本级基本建设项目财政性资金实行集中支付。

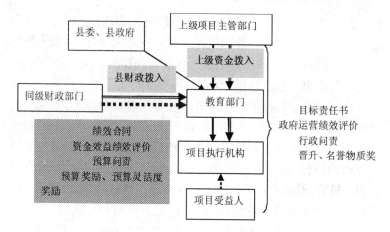

图5.9 县级财政支出绩效评估中财政部门的主体缺位

从优化绩效管理流程的角度来看,要想推行有效的实施绩效预算,财政部门应成为公共服务质量优劣的考评主体之一。首先,通过绩效合同将教育部门的年度或跨年度的目标(结果)以及需要的预算资金确定下来,给预算单位以明确的预期和责任。其次,在预算年度结束时,教育部门要对照绩效合同向县财政局和县政府提交年度绩效报告。年度绩效报告主要是对教育部门使用预算资金的效果和绩效合同中设定的目标(结果)进行对照、评估。对绩效进行评估和报告的时候,必须紧扣开始在绩效合同中设定的结果,而不能偏离。在评估过程中,年度绩效报告要对未完成的目标进行合理的解释。对没有完成的目标,要给出原因,同时还要推荐改革方案。比如说,在给定的资源情况下,一些目标可能定得不太合理;而另外一些项目,如果实现重组,目标可能会更加合理,等等。第三,财政局作为绩效预算管理部门在财政年度结束时聘请专家或第三方评估机构对教育部门的绩效进行评价,以求评价结果的公正。借助这些专家或第三方机构的评估过程和他们提出的修正方案,不断优化未来的绩效合同——将目标(结果)和预算资金更好地结合起来。第四,引入绩效审计。未来,要通过审计局这一法定的外部监督和控制机构加强对绩效的审计,形成除教育部门、财政部门之外的预算资金外部监督和控制。第五,加强教育部门预算透明和公众参与。预算的透明度是实施绩效预算的重要一环。"企业型政府"的一个重要理念是视公众为顾客,重视满足顾客的需要和选择。这是确定和修正政府部门工作的"结果"的重要机制。只有不断增加政府工作和预算的透明度,才能增加公民对政府的信任,吸引公众的参与,从而不断强化预算单位的责任意识。最后,形成责任追究机制。对于那些在财政年度结束后,不能有效履行绩效合同的机构,要从行政上追究其行政责任;对于那些违反法律的机构和个人,要依法追究其法律责任。只有这样,才能真正体现出预算的严肃性和法律性。

(三)实现城乡统一的义务教育信息化动态管理

教育行政部门通过科层结构逐级进行管理,同时还要受同级地方政府的领导。这种分层分级的纵向管理体制,存在着管理信息传递层级多、速度慢、信息逐级衰减、管理效率低等问题。信息化建设是社会发展过程中的神经中枢。任何现代化的实现,都离不开信息化。同理,实现义务教育行政管理的扁平化管理也离不开信息化建设。其中,电子政务更是现代化社会发展进步的标志。政府的信息化平台即指电子政务,就是政府机构应用现代信息和通信技术,将管理和服务通过网络技术进行集成,在互联网上实现政府组织结构和工作流程的优化重组,超越时间和空间及部门之间的分隔限制,向社会提供优质和全方位的、规范而透明的、符合国际水准的管理和服务。中国政府之所以发展电子政务,首先是旨在提高政府竞争力。目前人们谈及竞争,大多是指企业之间的竞争,但事实上,目前经济竞争中,还有一个重要的层面,就是政府之间的竞争。国家的竞争主要表现在各国的中央政府之间,而各个地区之间的竞争也表现在各个地方政府之间。实行电子政务是改造并提升政府的竞争力,或者说网络时代的政府竞争力必须是基于网络的基础之上的。

义务教育的电子化运营使得教育主管部门的运营成本相对于传统的模式有很大区别。电子化的实质就是把工业化模型的大政府,即集中管理、分层管理,通过互联网,打破各级教育主管部门的物理组织界限,整合和贯通教育部门的流程,把大量频繁的行政管理和日常事务都通过设定好的程序在网上实施,构建一个虚拟教育管理部门,使人们可以在不同的场所,利用不同的渠道随时获得政府提供的教育信息服务。通过信息技术重组部门,改善教育服务,增强公共参与、信息公开和需方参与,促进教育办公自动化、电子化、网络化和信息资源的共享。因此,在义务教育的电子化过程中,各级教育部门的职能都已经被重新定义,各项资源也被重新分配和整合,教育管理系统内务实体通过网络等信息技术平台共享信息、知识、技术、人才、资本等资源,形成一种跨越时间和空间的复合经济效应,可形象地用"1+1>2"来表示,即整体大于局部之和,这就是所谓的信息网络聚合经济效应。信息流、资金流、物流可以拥有最便捷的流通渠道,运营效率与运营成本的比值将达到很高的水平。同时,义务教育的电子化相比传统的教育管理一个明显不同的成本运营特征,就是它的边际成本和边际效益是反方向的发展关系。传统教育管理成本和教育主管部门规模成正向比例关系,即规模越大,成本越高。而虚拟教育管理则恰恰相反,由于实行电子化改造需要投入大量的人力、物力、财力,因此教育管理的边际成本在政府规模较小时处于很高的水平,而一旦完成了电子化改造以后,教育管理规模的扩张所增加的成本将越来越少,呈现出边际成本递减的趋势。

因此,构造义务教育信息化平台,可以有效地实现城乡义务教育一体化,实现学生自由流动和动态化管理。为了使学生和教师的流动从无序走向有序,学生的转学和教师的转校一律实行电子激活制度,转出学校负责教育信息的封存,在电脑上体现为私人信息呈现灰色,说明此学生或老师脱离电子监控范围,在规定时间内可以到接收他(她)的学校激活,私人信息呈现正常颜色,超过一定时间自动把该学生或教师的信息转入"黑名单"数据库;教育行政管理部门则可以通过查询黑名单及时监控学生的就学情况和教师的岗位流动情况,实行扁平的网络化在线管理;教育主管部门通过搭建24小时在线政府教育公共服务网络服务器并与信息运营商合作,使流动人口随时随地接收教育信息,接受标准化的教育管理,通过公布教育投诉电话和网站直接反馈教育服务提供过程中家长的信息不对称和真实想法,及时地进行教育信息互动,最终实现适应动态社会的教育管理网络。

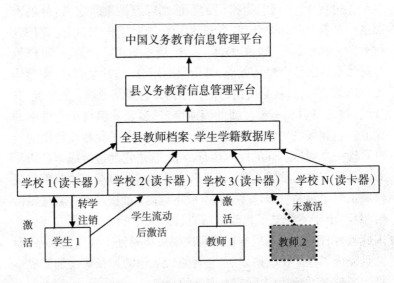

图5.10 基于义务教育信息化平台的动态扁平化教育管理体系

结束语

　　本书的研究综合运用义务教育理论、公共财政学理论和绩效管理理论,采用理论研究与实证研究、定性分析与定量分析相结合的方法,对义务教育财政支出绩效评估的指标体系、评估模型、实证分析、制度安排和政策建议等做了比较系统的研究和探讨,达到了开题报告时文章所规划的预期目标,但在研究中,随着研究过程的不断深入和写作思路的间续调整,本书在研究上还存在诸多不足,有待于进一步研究。

　　首先,在本书的第二章国际经验的写作过程中,笔者发现先发国家除了运用各种手段另辟蹊径专从提升财政资金使用效率的角度来提高其国内的义务教育财政支出的实际效果之外,更为重要的一个制度因素是先发国家的这种财政资金的绩效管理模式从一开始就是以一种自上而下的、规范的、立法的方式加以推行和执行的,由于先发国家立法、司法、行政政治三分离制度的保障,使得有明确的法律条文作为依据、由独立司法机关作为保障的意在提升政府预算资金使用效率的目的可以顺利地达到。可纵观目前国内的财政资金绩效管理过程,我们不难发现,事实上,目前的财政资金绩效管理仅仅是在逐步引入先发国家管理理论和经验基础上在一些地方政府进行的试点工作,所采取的政策演进路径是一种完全不同于西方发达国家的一种自下而上的尝试。这种尝试虽然在一定程度上符合中国渐进式的制度变迁方式,但是却也造成了财政支出绩效管理工作的无序进行,也正是因为没有相应的法律、法规的明文规定,因此使得目前的绩效管理工作在实际工作中仅仅成了一种科学的、可以代替传统的行政考核体系的新型的工具，这不能不说是对绩效管理工作的扭曲。所以，政府有关部门应该在相应试点单位成功经验的基础上，尽快出台相应的法律、法规，确保财政支出绩效管理工作的顺利开展。

其次，要想转变目前这种仅把绩效管理当成是传统行政考核工作的延伸的错误思想，仅仅从法律的角度来规范是远远不够的。要想实现绩效管理工作从一个管理手段和工具向一种有效的财政管理制度的创新，必须要在现行的行政考核体系中体现出财政支出绩效管理的独特之处，即实现某项公共服务的绩效评估结果与该项公共服务财政资金供给的有机联系。只有绩效评估的结果与预算调整紧密地联系起来，政府才能真正地实现提供"低成本、高质量"公共服务的目标。而有效的做法，恰恰是在本研究的基础上，利用可行的绩效评估指标体系所评估出来的结果，在某些地区进行义务教育财政预算拨款的绩效管理试点，在现有的义务教育基数法拨款的基础上，小范围地实现绩效评估与激励制度的结合①，一旦绩效考核结果实现与预算调整的结合，那将大大地有利于推动财政支出绩效评估工作的深入。

最后，事实上对义务教育财政支出绩效评估研究的关注，实际上是笔者博士期间对绩效预算研究课题的一种深入。由于在当今各国政府公共预算改革中，对预算支出绩效评估是研究政府绩效预算改革问题的逻辑起点。在新公共管理运动的推动下，政府预算绩效评估将工作重点转向根据政府效率、管理能力、管理成

---

① 事实上，即便是推行财政支出绩效管理较为成功的英美等国，在教育财政预算资金的分配上也并非完全是依据财政支出绩效进行拨款的，其中按照绩效拨款的部分大致也只占到总拨款的20%左右，其余的拨款还是按照传统的人员经费、公用经费和地区经济差异的补充，即转移支付等方式进行的。因此，在中国推行财政支出的绩效管理工作，也不会采取完全地以新换旧的推倒重来的方式调整财政预算拨款，而是采取先单项公共服务财政支出绩效评估试点、单个部门财政支出绩效评估试点、单个系统财政支出绩效评估试点和整体推行财政支出绩效评估的方式逐步地开展，并且与绩效结果所挂钩的预算分配资金也应控制在一个合理的范围之内。

本和公众满意程度等标准,将政府及其各职能部门的实际工作结果与绩效目标进行分析与判断, 评价政府组织实际工作的成果,从而对政府组织的提供公共服务的质量进行全面的评价,以实现对政府自身预算的预测判断、监控支持、激励约束和资源优化。因此,本研究的一个暗含的目的就是要为下一步的绩效预算研究提供一个在具体的公共支出领域绩效评估的实例。这意味着笔者的研究将从单纯从理论层面阐述推行绩效预算改革的可行性和现实意义的研究工作,逐步扩展到在具体的公共支出领域尝试推行绩效预算管理的实证研究。这样笔者就可以不仅仅局限于义务教育财政支出领域的研究, 更可以扩展到例如公共卫生财政支出、公共医疗财政支出、公共安全财政支出等各个具体的公共支出领域来进行深入的研究,从而为笔者的后续研究提供一个可资借鉴的经验和一个更为广阔的研究空间。

参考文献

中文部分

[1]马东太,旷乾.从中国农村义务教育投资主体的改变看"三农"问题的解决.理论探索,2004(3):45~48

[2]李慧敏,崔景华.财政分权与义务教育财政管理体制问题探析.南京财经大学学报,2004(5):38~42

[3]廖楚晖.加大农村教育的财政倾斜.经济问题探索,2005(2):94-96

[4]邵锋.农村义务教育投入体制变迁及当前存在的问题与对策.河北师范大学学报(教育版),2005(3):70~74

[5]杨丹妮,朱柏铭.推动教育财政发展的政策建议.高等教育研究,2000(4):58~63

[6]陈翔.中国教育支出的财政分析及政策选择.集美大学学报(哲学社会科学版),2003(1):56~61

[7]上海财经大学公共政策中心课题组.中国农村教育的办学体制和办学机制创新.经济研究参考,2005(37):22~37

[8]武恒光.中国农村义务教育融资分担体制研究.农业技术经济,2004(6):40~45

[9]魏杰,王韧.二元化困境与中国的教育体制改革.学术月刊,2006(8):22~27

[10]陈永明.发达国家教育管理体制的改革.比较教育研究,2004(1):62~66

[11]杨建松,吴亚卓.对当前农村义务教育投入问题的思考.经济研究参考,2003(64):17~22

[12]翟静丽.弗里德曼教育凭证思想的新发展.全球教育展望,2003(7):12~15

[13]埃莉诺·奥斯特罗姆.公共事务的治理之道.上海:上海三联书店,2000

[14]马斯格雷夫.财政理论与实践(第五版).北京:中国财政经济出版社,2003

[15]曼昆.经济学原理(中译本).北京:机械工业出版社,2003

[16]王俊霞,王静.农村公共产品供给绩效评价指标体系的构建与实证性检验.当代经济科学,2008(2):3~5

[17]张馨.构建公共财政框架问题研究.北京:经济科学出版社,2004

[18]张岩松.发展与中国农村反贫困.北京:中国财政经济出版社,2004

[19]贾康,郭文杰.财政教育投入及其管理研究.北京:中国财政经济出版社,2002

[20]李祥云.我国财政体制变迁中的义务教育财政制度改革.北京:北京大学出版社,2008

[21]刘芳,雷鸣强.教育凭证制度在我国的预演:长兴县发放教育券的制度经济学分析.全球教育展望,2003(7):18~20

[22]曾晓洁.美国的"择校制度"与基础教育改革.比较教育研究,1997(6):11~13

[23]郑崧.20世纪国外有关公共教育制度起源问题的研究述评.比较教育研究,2003(8):2~4

[24]刘复兴.公共教育权力的变迁与教育政策的有效性.教育研究2003(2):10~15

[25]许明.美国中小学评价与绩效制度改革的最新进展.比较教育研究,2001(11):22～26

[26]冯大鸣,赵中建.布什政府对"学校选择"的政策回应:兼议我国引入"教育券"时的若干问题.全球教育展望,2003(7):26～31

[27]李玲.我国教育经费支出效益实证分析.河北经贸大学学报,2001(2):8～15

[28]金娣,王刚.教育评价与测量.教育科学出版社,2002

[29]朱志刚.公共支出绩效评价研究.北京:中国财经出版社,2003

[30]袁振国.建立教育发展均衡系数切实推进教育均衡发展.人民教育,2003(6):11～13.

[31]吴建南,李贵宁.教育财政支出绩效评价:模型及其通用指标体系构建.西安交通大学学报(社会科学版),2004(2):25～31.

[32]粟玉香.论义务教育财政绩效管理的目标与指标.上海教育科研,2004(12):21～25

[33]王敏.中国财政教育支出绩效评价探析.财政研究,2005(6):31～34

[34]李晓多,刘钟钦.农村义务教育财政体制发展评价指标体系的研究.沈阳农业大学学报,2005(9):278～280

[35]殷玉辉.构建我国基础教育支出效益评价指标体系的思考.当代教育论坛,2005(12):26～28

[36]马培祥.义务教育经费支出绩效评价研究.财政研究,2005(8):22～24

[37]马国贤,刘国永.我国义务教育财政支出绩效评价研究初探.2006年中国教育经济学年会会议论文

[38]东北财经大学课题组,吕炜.我国公共教育支出绩效考评指标体系构建研究.经济研究参考,2006(92):38～46

[39]丛树海,周炜.中国公共教育支出绩效评价研究.财贸经

济,2007(3):37～42

[40]博伊德·金.西方教育史.任宝祥等译.北京:人民教育出版社,1985

[41]陈敬朴.农村教育概念的探讨.教育理论与实践,1999(11):39

[42]桑贾伊·普拉丹.公共支出分析的基本方法.蒋洪等译.北京:中国财政经济出版社,2000

[43][美]阿尔温·托夫勒.第三次浪潮.朱志炎等译.上海:三联书店,1983

[44]哈耶克.自由秩序原理.邓正来译.上海:三联书店,1997

[45]林洋.我国教育支出的分析研究.财税与会计,2003(10):4～6

[46][美]E.S.萨瓦斯(E.S.Savas).民营化与公私部门的伙伴关系.中国人民大学出版社,2002

[47]朱科蓉.竞争——英美教育市场化改革的核心.河北师范大学学报(教育科学版),2003(2):55

[48][美]戴维·奥斯本,彼得·普拉斯特里克.政府改革手册:战略与工具.北京:中国人民大学出版社,1996

[49]张少春.政府公共支出绩效考评理论与实践.北京:中国财政经济出版社,2005

[50]恩施州财政局课题组.财政基础教育支出绩效评价研究.工作报告,2004

[51]申书海.财政支出效益评价.北京:中国财政经济出版社,2002

[52]宋世明.美国行政改革研究.北京:国家行政学院出版社,1999

[53][美]马克·霍哲.张梦中译.公共部门业绩评估与改善.中国行政管理,2000(3):36

[54]吴建南,阎波.政府绩效:理论诠释、实践分析与行动策略.

西安交通大学学报(社会科学版),2004(3):31~32

[55]林鸿潮.美国《政府绩效与结果法》述评.行政法学研究,2005(2):100~102

[56]普雷姆詹德.公共支出管理.北京:经济科学出版社,2002

[57]亚洲开发银行.公共支出管理.北京:经济科学出版社,2001

[58]陆庆平.公共财政支出的绩效管理.财政研究,2003(4):56~65

[59]黄萍,黄万华.公共行政支出绩效管理.红旗文摘,2003(22):10~12

[60]马敬仁,杨卓如.现代政府绩效评价:中国问题与策略.公共行政,2005.(8):15

[61]刘旭涛.政府绩效管理:制度、战略与方法.北京:机械工业出版社,2003

[62][美]帕特里夏·英格拉姆.公共管理体制改革的模式.北京:国家行政学院出版社,1998

[63]范柏乃.政府绩效评估与管理.上海:复旦大学出版社,2007

[64]吴志明.KPI帮你解决绩效评估中的难题.中外管理导报,2001(2):26~28

[65]陈捷.公共部门绩效管理与财政支出的效率.云南财经大学学报.第18卷第2期:42~43

[66]海尔·瑞尼.理解和管理公共组织.北京:清华大学出版社,2002

[67]陈宝成.中国义务教育二十年之回顾与反思.教师博览.2006(4):12.

[68]王磊.公共教育支出分析:基本框架与我国的实证研究.北京:北京师范大学出版社,2004

[69]张钢.公共管理学引论.杭州:浙江大学出版社,2003

[70]E.A.汉纳谢克.闵维方等译.教育生产函数.载于:[美]M.卡诺依编著.闵维方等译.教育经济学国际百科全书.北京:高等教育出版社,2000

[71]钟理峰,时勘.绩效管理的几个基本问题.南开管理评论.2002(3):15~19

[72]蔡立辉.政府绩效评估的理念和方法分析.人民大学学报,2002(5):93

[73]王淑红,龙立荣.绩效管理综述.中外管理导报,2002(9):40~41

[74]理查德·威廉姆斯.组织绩效管理.北京:清华大学出版社,2002

[75]施伟国,赵云红.财政教育支出绩效评价的解读与思考.江南大学学报,2005(8):108~111

[76]沈百福.地方教育投资研究.北京:北京师范大学出版社,2003

[77]柳海民,周霖.义务教育均衡发展的理论与对策研究.长春:东北师范大学出版社,2007

[78]沈有禄.教育券制度评析.教育与经济,2004(1):17~19

[79]彼德·F.德鲁克.李焰,江娅译.公司绩效测评.北京:中国人民大学出版社,1999

[80]张强,韩莹莹.美国政府绩效评估的基本途径.中国行政管理,2005(12):68~72

[81]程祥国,李志.独立的第三方进行政策评估的特征、动因及其对策.行政论坛,2006(2):51~52

[82]财政部教科文司,教育部财务司,上海财经大学公共政策研究中心.中国农村义务教育转移支付制度研究.上海:上海财经大学出版社,2005

[83]公共财政改革与政府制度创新国际研讨会论文集.2006:105~111

[84]马国贤.政府绩效管理.上海:复旦大学出版社,2005

[85]财政部预算司.预算管理:国际经验透视.北京:中国财政经济出版社,2003

[86]孙国英,许正中,王铮.教育财政:制度创新与发展趋势.北京:社会科学文献出版社,2002

[87]陈永明.教育行政新论.上海:华东师范大学出版社,2003

[88]教育部财务司.教育财政国际比较.北京:高等教育出版社,2000

[89]大卫·N.海曼.财政学.张进昌译.北京:北京大学出版社,2006

[90]王敏.政府财政教育支出绩效评价研究.北京:经济科学出版社,2008

[91]中国教育与人力资源问题报告课题组.从人口大国迈向人力资源强国.北京:高等教育出版社,2003

[92]国家行政学院.基础教育新视点.北京:教育科学出版社,2003

[93]田芬.苏南小康社会与教育创新.苏州:苏州大学出版社,2006

[94]张志超.美国政府绩效预算的理论与实践.北京:中国财政经济出版社,2006

[95]臧乃康.政府绩效评估及其系统分析.江苏社会科学,2004(2):141～147

[96]颜如春.关于建立我国政府绩效评估体系的思考.行政论坛,2003(9):17～19

[97]田首.公共管理背景下的政府绩效评估.理论导刊,2003(6):12～13

[98]邱霖恩.美国《1993政府绩效与结果法案》译文.中国行政管理,2004(5):28

[99]彭国甫,李树丛,盛明科.应用层次分析法确定政府绩效评估指标权重研究.中国软科学,2004(6):136～139

[100]马宝成.试论政府绩效评估的价值取向.中国行政管理,2001(5):18～20

[101]金太军.新公共管理:当代西方公共行政的新趋势.国外社会科学,1997(5):20～24

[102]刘建发.教育财政投入的法制保障研究.北京:经济管理出版社,2006

[103]廖楚晖.教育财政学.北京:北京大学出版社,2006

[104][美]小弗恩·布里姆莱,鲁龙贾·R.弗尔德.窦卫霖译.教育财政学:因应变革时代.北京:中国人民大学出版社,2007

[105]刘志民.教育经济学.北京:北京大学出版社,2007

[106]魏向赤.税费改革对农村义务教育影响的个案调查与经济学分析——兼论建立健全公共财政体制.北京:教育科学出版社,2006

[107]刘惠林,尹晓岚,赵滨.中国区域教育投资研究.哈尔滨:黑龙江人民出版社,2000

[108]胡卫,唐晓杰.教育研究新视野:1995—2005.上海:上海人民出版,2005

[109]张强.农村义务教育:税费改革下的政策执行.北京:中国社会科学出版社,2005

[110]吕炜.高等教育财政:国际经验与中国道路选择.大连:东北财经大学出版社,2004

英文部分

[1]A.Parasuraman,Leonard L.Berry, Valarie A.Zeithaml.Perceived Service Quality as a Customer –Based Performance Measure: An Empirical Examination of Organizational Barriers Using an Extended Service Quality Model. Human Resource Management, Fall 1991, 30 (3): 335–364

〔2〕A. Parasuraman, Valarie A. Zeithaml, Leonard L. Berry. Reassessment of Expectations as a Comparison Standard in Measuring Service Quality: Implications for Further Research. Journal of Marketing, January 1994, 58（1）: 111–124

〔3〕Alison M. Dean, Christopher Kiu. Performance monitoring and quality outcomes in contracted services. International Journal of Quality&Reliability Management, 2002, 19（4）:396–413

〔4〕Amy Ostrom, Dawn Iacobucci. Consumer Trade –Offs and the Evaluation of Services. Journal of Marketing, January 1995, 59: 17–28

〔5〕Bouekaert.Geert.The History of the Productivity Movement. Public Productivity&Management Review,1990(14):53

〔6〕Bromley,Daniel W.Economic Interests and Institution:The Conceptual Foundations of Public Policy,Oxford:Blackwell,1989.

〔7〕Behn R. D,2003. Why measure performance? Different purposes require different measures.Public Administration Review; Sep 2003(5):586–606

〔8〕BrianW.Hogwood and Lewis A.Gunn.Policy Analysis for the Real World.New York:Oxford University Press,1984

〔9〕B.C.Beson. Economics of public eduearion.3rd.Boston Massachusetts: Honghton Mifflin,1978.1–3

〔10〕CAP.Performance Measurement: Concepts and Techniques. Washington D.C.: ASA, 2000: 22

〔11〕Cave M. Performance Indicators in the Encyclopedia of Higher Education. Oxford B.R.Clark,1992:107–110.

〔12〕Cohn,E. Johoes,G. Recent Developments in the Economies of Education. Cheltenham: Edward Elgar Publishing,Inc,1991

〔13〕Carolyn J. Heinrich. Outcomes –Based Performance Management in the Public Sector:Implications for Government

Accountability and Effectiveness. Public Administration Review, November/December 2002, 62 (6): 712–725

[14]Cheryle A. Broom. Using Comparative Performance Measurement. Public Administration Review, September/October 2002, 62 (5): 630–631

[15]David Joseph Bernstein. Local Government Performance Measurement. Washington, DC: School of Business and Public Management, George Washington University, March 2000.

[16]Cynthia Miller Demographics and spending for public education:a test of interest group influence.Economics of Educaiton Review,1996Vol15.No2:175–185

[17]David M.Brasington:Joint provision of public goods:the consolidation of school districts.Journal of Public Economics1999 (73):373–393

[18]Denald R.Winkler and Taryn Rounnds:Muncipal and private sector response to decentralization and school choice, economics of educaiton review, Vol.15, No.4: 365–376

[19]Edige,Marlow.The marvels of the American public school system, Education, Vol.121, Issue2, 2000:399

[20]Eric Brunner,Jon Sonstelie:school finance reform and voluntary fiscal federalism;journao of public Economics 2003 (87): 1157–1285

[21]G.Brennan,J.J.Pincus:A Minimalist model of federal grants and plypaper effects;journal of public Economics1996(61):229–246

[22]Grant. Measuring Performance in the Public Sector. Financial Management,1990(8):58

[23]Galianietal.Evaluating the Impact of School Decentra – lization on Education Quality. Working Paper,2001:31–34

[24]Geoff Whitty,Sally Power and David Halpin. Devolution

and choice in education: the school, the state and the market.open University Press,1998

［25］Goldin,Kenneth D. Equal Access VS selective Access: Acritique of Public Goodlad,J.A Place Called School: Prospects for the Future.New York: McGraw-Hill,1984

［26］Hanushek,EricA..Interpreting Resent Research on Schooling in DevelopingCountries.The World Bank Research 1995 (10):227.

［27］H.D.Lasswell.The Decision Precess:Seven Categories of Functional Analysis.College Park:University of Maryland,1963:102

［28］Harrison,Ralph W.,Eric A.Hanushek. Educational Performance of the Poor:Lessons from Rural Northeast Brazil.Published for The World Bank:Oxford University Press.,1992

［29］Iaaac-Henry,Kester,Chris.Painterand Chris Barrnes,Management in the Public Sector: Challenge and Change (second edition). London:Thomson Business Press,1997

［30］John Oakland. Total Quality Management , Oxford , Butterwort h Heinemann , 1993

［31］Jack Diamond,.Performance measurement and evaluation. OECD Working Papers,1994: 22-23

［32］JackDiamond.Public Expenditure Management.Comference on Post-Election Strategy.2000(4):5-7

［33］James W Guthrie,Walter I.Garlns,Lawrence C Pierce. School Finance and Education Policy.New Jersey:Prenrice-hall.Inc. 1998:108-112

［34］Kouzmin A and Helmut K,1999. Benc marking and Performance in Public Sectors. International Journal of Public Sector managementl2(2):121-144

［35］Lasswell.H.D. The decesion process:Seven categorries of

functional analysis.Politics and Social Life,Boston:Hougton Mifflin, 1956:102

[36]M.H.levin. The economics of educational choice. Econ Educ.Rev.1991(10):37-58

[37]Michael F.Addonizzo:Intergovermental grants and tra – demank for local education expenditure.Public Finance Quarterly. Vol19,No.2,1991:209-232

[38]Matthew Andrews,William Duncombe,John Yinger: Revisiting Economics of size in American education:are any closer to a consensus.Economics of Education Review,2002(21):245-262

[39]Mikesell.J.L.Fiscal Administration:Ananlysis and Appli – cation for the Public Sector (Sixth Edition),Waadsworth Publishers, 2003:203-207

[40]NuttallD.The Functionsand Limitations of Internationa lEducation Indieators.In the OECD International Education Indicators:A Frame Work for Analysis.Paris OECD,1992:83-85

[41]OECD.Performance Management in Government: Contem – porary Illustrations.Public Management Occasional Papers, No.9, 1996（2）: 34

[42]Odden,A&Picus.School Finance:A Policy Perspective.New York:McGraw-Hill, 1992

[43]Paolo Mauro:Corruption and the compositon of government expenditure,Journal of Economics 1998(69):263-279

[44]Paul D.Epstein, Using Performance Measurement in Local Government (New York: National Civic League Press, 1988:2

[45]Peters B.G and Savoie D. Governance in a Changing Environment[M].Ottawa: Queens University Press,1995:P188-189.

[46]Richard Allen and Daniel Tommasi.Managing Public Expenditure-A Reference Book for Transition Countries.OECD,2001:

365

［47］Susanna Loe:Estimating the effects of school finance reform:a framework for a federalist system.Journal of Public Economics,2001(80):225-247

［48］Terry Moe.School Vouchers and the American Public. Washington D.C.:Brooking Institution Press,2001:102-133

［49］ThomasA.Downes, Thomas F.Pogue,Intergovermental Aid to Reduce Fiscal Disparities: Definitizeand Measurement,Problems of public Finance Quarterly, Vol.20,No.4,Oct.1992:418-482

［50］Thomas S.Dee,Competition and the Quality of public school,Economics of Education, Review, Vol17.4,1999:319-427

［51］Torberg Falch,Jorn Rattso:Local public choice of school spending: disaggregating the demand function for education services. Economics of Education Review1999(18):361-373

［52］Thomas J.Nechyba,Robert P.Strauss:Community choice and local public services:A discrate choice approach;Regional Science and Urban Economics1998(28):51-73

［53］Wholey J. S. Performance-based Measurement: Responding to the Challenges.Pubilc Productivity and Management Review. Vol.2,No.4,1999:288-307

［54］Wildavsky.Politieal ImPlications of Budget Reform:A Perspective. Public Administration Review.1992(52):594-599

附录

附录一　农村义务教育财政支出绩效评估指标体系专家调查表

20世纪80年代以来,随着新公共管理运动的兴起,绩效评估的理念越来越深入到政府的财政实践活动当中。义务教育作为政府向社会提供的基本公共服务,其质量的优劣已成为影响各国发展后劲的重要因素。对义务教育财政支出绩效的评估已引起世界各国政府和学术界的广泛关注,并成为各国提升义务教育质量改革的重要手段。近年来,为普及九年义务教育,中国各级政府向农村地区投入了巨大的财政资金,如何判断这些资金的使用效果以及如何通过绩效管理提高财政资金的使用效益,已成为各级政府所关心的问题。因此,建立一套科学的义务教育财政支出绩效评估指标体系,对农村地区义务教育财政支出绩效进行客观的评估与优化,已成为中国各级政府和学术界需要解决的现实问题。

本课题在文献调研和现场访谈基础上,采取CIP评估模式从教育经济环境、义务教育财政投入、义务教育数量产出和义务教育质量产出四个方面遴选出45个义务教育财政支出绩效评估指标,请您根据自己的经验和知识,对这些指标的合理性进行判断分析,并从中选出20个最合理的评估指标,在后面的空格内打"勾"。

真诚感谢您的大力支持与合作,我们将把研究结果及时反馈给您。

评价领域	评估指标	请选择
	9 个指标	
	GDP 总量	
	财政收入	
	农民纯收入(元)	
义务教育经济	人均 GDP(元)	
环境(Context)	人均财政收入(元)	
	农民人均纯收入(元)	
	城镇人口比例	
	一次产业占 GDP 百分比	
	农村居民家庭恩格尔系数	
	17 个指标	
	义务教育经费占 GDP 的比例	
	预算内教育经费占 GDP 的比例	
	预算内教育经费占财政支出比例	
	预算内教育经费占财政收入比例	
	财政拨款占义务教育投入的比例	
	非财政拨款占义务教育投入的比例	
	义务教育财政拨款中本级财政投入比例	
	预算内教育经费增长比例	
义务教育财政	财政收入增长比例	
投入(Input)	义务教育经费增长与财政收入增长之比	
	义务教育财政支出中教师工资支出比例	
	义务教育财政支出中公用经费支出比例	
	义务教育财政支出中基建支出比例	
	生均预算内教育事业费	
	生均预算内教育事业费增长比例	
	生均预算内公用经费	
	生均预算内公用经费增长比例	

续表

评价领域	评估指标	请选择
义务教育数量产出(Output)	15 个指标	
	平均每校学生数(初中)	
	小学入学率	
	初中入学率	
	初中毕业考试合格率	
	专职教师比例	
	专职教师学历合格率	
	师生比	
	危房比例	
	15 周岁人口初等义务教育完成率	
	17 周岁人口初级中等教育完成率	
	15 岁人口非文盲率	
	生均校舍	
	青壮年扫盲率	
	初中生均图书(册数)	
	初中辍学率	
义务教育质量产出(Outcome)	4 个指标	
	高中毛入学率	
	家长对教学质量的满意度	
	义务教育政策知晓度	
	家长对教育政策落实情况的满意度	

附录二　义务教育财政支出绩效评估指标权重专家调查表

判断矩阵 A–B（相对于评估目标而言，各领域之间相对重要性比较）

A	B1 经济环境	B2 财政投入	B3 数量产出	B4 质量产出
B1 经济环境	1			
B2 财政投入		1		
B3 数量产出			1	
B4 质量产出				1

判断矩阵 B1–P（相对于教育经济环境而言，各指标之间相对重要性比较）

B1	B11	B12	B13	B14	B15
B11	1				
B12		1			
B13			1		
B14				1	
B15					1

判断矩阵 B2–P（相对于财政投入而言，各指标之间相对重要性比较）

B2	B21	B22	B23	B24	B25	B26	B27	B28	B29
B21	1								
B22		1							
B23			1						
B24				1					
B25					1				
B26						1			
B27							1		
B28								1	
B29									1

判断矩阵 B3-P(相对于教育产出而言,各指标之间相对重要性比较)

B3	B31	B32	B33	B34	B35	B36
B31	1					
B32		1				
B33			1			
B34				1		
B35					1	
B36						1

判断矩阵 B4-P(相对于质量产出而言,各指标之间相对重要性比较)

B4	B41	B42	B43
B41	1		
B42		1	
B43			1

附录三 农村义务教育状况调查问卷

您的年龄 ___ 岁;您的文化程度:A 小学以下;B 初中;C 中专或高中;D 大专及以上

性别:□男 □女; 您家庭有 _____ 口人;您家庭共有 _____ 亩土地

1.您家庭的主要经济来源(　　)

A.家庭种植业;B.家庭副业;C.外出打工; D.本地乡村企业工作收入

2.孩子每学期的学费是如何筹集?(　　)

A.家庭积累;B.向亲友借;C.贷款;D.尚欠学费

3.家里学费负担情况(　　)

A.负担很重,不能支付,需借款读书;B.能够负担得起,但占家里收入比例大; C.能够负担,但占家里收入比例小

4.假如您的孩子读书很好,而家里钱不够,你会怎么办?(　　)

A.借款贷款供他读;B.变卖东西供他读;C.只好让他退学

5.对于学校的收费项目,您是否知道哪些该交,哪些不该交?(　　)

A.知道;B.有些知道,有些不知道;C.不知道

6.学校向您的孩子收过哪些费用? 多选(　　)

A.学杂费;B.书本费;C.补课费;D.资料费;E.试卷费、作业本费;F.校服费;G.保险费; H.建校费;I.住宿费;J.其他(包括择校费、体检费等)

平均一学期有多少钱 _____(请注明中小学)

7.如果发现学校有些收费项目不合法,您是否会向有关部门反映?(　　)

A.会; B.不会; C.不一定　　　如选择 B 请简要写明原因:

8.实行免费义务教育后,您是否会增加对子女教育方面的投入?（　　）

A.会增加；　B.不再增加

9. 您认为国家实施免费九年义务教育的预期目标能否实现?（　　）

A.能够实现；　B.不能够实现

10.您怎样看待中小学的收费行为?（　　）

A.不应收费,应实行义务教育；B.应适当收取一定费用,但需要规范；C.不清楚

11.您对学校的教学质量是否满意?（　　）

A.满意；B.不满意

12.您认同"初中毕业进入社会的青年成为社会成本的可能性大"这种说法吗?（　　）

A.认同；B.不认同；C.不清楚

注:在收集三个软性指标(家长对教学质量的满意度、义务教育政策知晓度、家长对教育政策落实情况的满意度)的数据时,我们除"家长对教学质量的满意度"这个指标我们直接提问外,"义务教育政策知晓度"指标我们用第五题的结果进行统计,"家长对教育政策落实情况的满意度",我们用第九题的结果进行统计。

附录四　管理效率指标 DEA 计算结果，运用效率测算工具 EMS2004 年和 2006 年总效率与技术效率

2004 年总效率										
决策单元	分值	投入一 {I}{V}	投入二 {I}{V}	产出一 {O}{V}	产出二 {O}{V}	基准	{S}投入一{I}	{S}投入二{I}	{S}产出一{O}	{S}产出二{O}
旬阳	100%	0.27	0.73	1	0	0				
巫溪	100%	1	0	0	1	0				
黎城	100%	0.3	0.7	1	0	1				
沁阳	77%	0	1	0	1	3 (1.00)	3522.06	0	0	0

2004 年技术效率										
决策单元	分值	投入一 {I}{V}	投入二 {I}{V}	产出一 {O}{V}	产出二 {O}{V}	基准	{S}投入一{I}	{S}投入二{I}	{S}产出一{O}	{S}产出二{O}
旬阳	100%	0.52	0.48	0.49	0.51	0				
巫溪	100%	0.39	0.61	0	1	0				
黎城	100%	1	0	1	0	0				
沁阳	100%	0.03	0.97	0.7	0.3	0				

2006 年总效率										
决策单元	分值	投入一 {I}{V}	投入二 {I}{V}	产出一 {O}{V}	产出二 {O}{V}	基准	{S}投入一{I}	{S}投入二{I}	{S}产出一{O}	{S}产出二{O}
旬阳	98.17%	0.31	0.69	1	0	2 (0.79) 3 (0.32)	0	0	0	0.18
巫溪	100%	1	0	0	1	0				
黎城	100%	0.24	0.76	1	0	1				
沁阳	100%	0	1	1	0	0				

2006 年技术效率										
决策单元	分值	投入一 {I}{V}	投入二 {I}{V}	产出一 {O}{V}	产出二 {O}{V}	基准	{S}投入一{I}	{S}投入二{I}	{S}产出一{O}	{S}产出二{O}
旬阳	100%	0.75	0.25	0.64	0.36	0				
巫溪	100%	0.5	0.5	0	1	0				
黎城	100%	1	0	0.86	0.14	0				
沁阳	100%	0	1	1	0	0				

后记

　　本书是在本人博士论文基础上修改而成的。论文完成于2009年3月，本次修改时，在内容上进行了适当的扩充，并对数据和相应的结论进行了调整和增补。

　　本书的成型，与导师张志超教授密不可分。从博士论文的选题、框架设计到论文主要观点的形成、文字的润色，无不凝聚着导师的心血。在本书出版过程中，导师还亲自为本书撰写了序，值此论文成书之际，再次向导师致以深深的谢意和感激之情！

　　现今社会是一个团队社会，本书也可以说是集体智慧的结晶。本书在编写过程中，财政学系倪志良主任、陶江教授对书中内容的修改给予了中肯的建议，在此也深表感谢。在最后的成稿过程中，还得到山西经济出版社领导的支持和帮助，本书责任编辑曹恒轩同志给予了我许多具体的修改建议，最终完善了书稿。在此，一并表示衷心的感谢！

　　最后，感谢各位领导、师长及亲朋好友在我多年求学之路上给我的物质支持和精神鼓励！感谢我的家人对我的陪伴和鼓励，并与我一起分享学习、研究过程中点点滴滴的收获。没有你们的鼎力支持，不可能有我今日之一点点成绩。

　　由于作者水平有限，再加上时间紧、任务重，出现不足和错误之处亦在所难免，还望读者批评指正和多提宝贵意见。

邢天添

2014 年 7 月于天津南开园

图书在版编目（ＣＩＰ）数据

中国农村义务教育财政忧思录/邢天添著.--太原：
山西经济出版社,2014.9
（南开大学公共财政博士论文丛书/张志超主编）
ISBN 978-7-80767-807-6

Ⅰ.①中… Ⅱ.①邢… Ⅲ.①乡村教育—义务教育—
财政政策—研究—中国 Ⅳ.①G526.7 ②G522.3

中国版本图书馆 CIP 数据核字（2014）第 203744 号

中国农村义务教育财政忧思录

著　　者：邢天添
出 版 人：孙志勇
责任编辑：曹恒轩
装帧设计：雨　竹

出 版 者：山西出版传媒集团·山西经济出版社
地　　址：山西省太原市建设南路21号
邮　　编：030012
电　　话：0351-4922133（市场部）
　　　　　0351-4922085（总编室）
E－mail：scb@sxjjcb.com（市场部）
　　　　　zbs@sxjjcb.com（总编室）
网　　址：www.sxjjcb.com

经 销 者：山西出版传媒集团·山西经济出版社
承 印 者：山西出版传媒集团·山西新华印业有限公司

开　　本：850mm×1168mm　　1/32
印　　张：8
字　　数：200千字
印　　数：1—1000 册
版　　次：2015 年 6 月　第 1 版
印　　次：2015 年 6 月　第 1 次印刷
书　　号：ISBN 978-7-80767-807-6
定　　价：24.00 元